文化侵略

谢 嘉 著

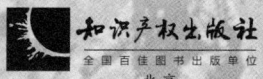
知识产权出版社
全国百佳图书出版单位
—北京—

图书在版编目（CIP）数据

文化侵略／谢嘉著．—北京：知识产权出版社，2022.8
（日本侵略华北反人类罪行丛书）
ISBN 978-7-5130-7109-3

Ⅰ.①文… Ⅱ.①谢… Ⅲ.①侵华事件—文化侵略—研究—日本 Ⅳ.①K265.607

中国版本图书馆CIP数据核字（2020）第146923号

内容提要

日本在华北的文化侵略就是对中国人的"攻心战"，企图通过舆论宣传美化其对外侵略的动机和野心。利用伪政府、伪新民会宣扬"新民精神"，骗取中国人做日本的"新民"。对中国青少年推行奴化教育政策，以普及日语为中心同化中国学生。文化侵略的最终目的就是泯灭中国人民的民族思想意识，让中国人做日本的顺民和奴隶，以期长期统治中国。

| 责任编辑：宋 云 刘 江 | 责任校对：谷 洋 |
| 封面设计：北京麦莫瑞文化传播有限公司 | 责任印制：刘译文 |

日本侵略华北反人类罪行丛书·文化侵略
谢 嘉 著

出版发行：知识产权出版社有限责任公司	网　　址：http://www.ipph.cn
社　　址：北京市海淀区气象路50号院	邮　　编：100081
责编电话：010-82000860转8388	责编邮箱：hnsongyun@163.com
发行电话：010-82000860转8101/8102	发行传真：010-82000893/82005070/82000270
印　　刷：三河市国英印务有限公司	经　　销：新华书店、各大网上书店及相关专业书店
开　　本：880mm×1230mm　1/32	印　　张：7.875
版　　次：2022年8月第1版	印　　次：2022年8月第1次印刷
字　　数：170千字	定　　价：58.00元
ISBN 978-7-5130-7109-3	

出版权专有　侵权必究
如有印装质量问题，本社负责调换。

前　言

中国著名教育学家、历史学家陈垣先生说："一个民族的消亡，从民族文化开始，没听说，民族文化不消亡，民族可以消亡的。"这话是在全面抗日战争爆发初期陈先生所说的。话说得再明白不过，民族与文化如影相随，是不可分离的，真乃至理名言。

如果说日本的武装侵略是消灭人的躯体，那么文化侵略就是泯灭人的灵魂。日本军国主义者为了侵占中国、统治中国，必然文武两种手段兼施，中国人民也必须同时在两个战场上对敌作战。文化侵略与反文化侵略是看不见硝烟的战斗，但同样异常激烈、残酷无情。

文化的内涵有广义和狭义之分，后者指人类的精神文化，包括哲学、科学、文学、史学、艺术、技术、制造等一切人类的精神存在，其侧重的是人类的意识形态和精神创造。毛泽东在《新民主主义论》中讲："一定的文化是一定社会的政治和经济在观念形态上的反映。"❶ 中日两国的文化就是两种不同的意识形态的反映。

日本的文化侵略早有侵略文化理论在先。日本自1868年明治维新后，经济、军事获得快速发展，实现"脱亚入欧"的梦想。这一成功促使日本对外扩张的野心逐渐膨胀，

---

❶ 《毛泽东选集》（第二卷），人民出版社1991年版，第694页。

文化侵略

胃口越来越大。在此前后,日本文人学者编撰有侵略理论,无论专著还是文章不断出炉问世。比如对外战争"自卫论""解放论"以及"大日本膨胀论",等等,极力掩盖、美化侵略扩张的动机和野心。他们宣称,日本是神之国,天皇是神的后裔,实现"八纮一宇"是神皇的意志,天皇神圣不可侵犯。可见天皇是日本军国主义国家的象征,所有战争行动都是"圣战",文化侵略则是"皇民化"运动。

七七事变是日本全面侵华的开端,但未曾料到"速战速决"的计划失算了,从此改为"以华制华""以战养战"的方针,文化侵略的手段进一步派上了用场。华北号称"兵站基地",日本对华北的思想战在这里激烈展开。日本人认为,中国抗日宣传既早又强,中国人不理解日本的"善意",这是对华战局被动的重要原因,因此对华思想战要加强火力。泛讲"思想战"就是宣传战,日本决心发动大规模的宣传舆论攻势。1940年3月,日本制定了《华北地区思想战指导要纲》,确定思想战的重点是鼓吹中国人要做"新民"(实则是日本侵略者的顺民),树立"建设大东亚新秩序""灭共亲日"及建设"王道社会"的思想意识。

什么是"新民"?日本驻华北方面军特务部扶植的伪新民会解释说,"新民"一词源于儒经《大学》:"大学之道,在明明德,在亲(新)民,在止于至善。"1940年,日本在华北驻军制订的第一期肃正计划中说:要"谋求亲日反共思想的彻底深入,使民众心悦诚服"。《华北地区思想战指导纲要》指出,当前的目标是"根除共产党势力,宣扬新民精神,建设王道社会"。这里清楚地表明,日本所指的"新民"是经过给华北民众洗脑,做具有"亲日反共"思想的

前 言

新民,做日本所谓"王道社会"的顺民、奴隶。"新民精神"也就是让华北民众老老实实地屈从于日本的"王"天下,接受日本法西斯专制统治。所以,"新民精神"的本质就是泯灭华北民众的抗日爱国之心,放弃中华民族独立的思想意识,心甘情愿做被日本驱使的亡国奴。

日本文化侵略的形式多种、手段多样,新闻广播、报纸书籍、演讲征文、大字标语、电影映画等不一而足,以此向中国民众灌输"大东亚圣战""灭共亲日"的思想。在他们的宣传对象中,最令人不能容忍的是对中国青少年的奴化思想教育。

奴化教育是通过普及日语、用日式学校的教育思想同化、奴化中国学生,以消除中国青年对日本的仇恨,改而亲善日本,最终使中国学生与日本人有一样的"圣战"观,有一样的崇拜天皇的思想灵魂。奴化教育的另一面是对中国师生的思想控制,用发誓、相互检举、窃听等方法监督师生活动,并强制学生晨操时朝拜天皇、唱日本国歌、听日本音乐、看日本电影、读淫秽小说来腐化、毒化学生的思想意识。如果日本军国主义的阴谋得逞,中国的未来堪忧,亡国灭种不再是天方夜谭。在民族危亡之际,无论是沦陷区、国统区,还是抗日根据地的中国师生,同仇敌忾,以不同方式进行了反奴化教育的斗争,以发展本国本土教育事业的突出成就给日本奴化教育以颠覆性回击。

日本侵略者在中国干尽坏事。中国古代文物、典籍是中华文化的载体,是中国人民最宝贵的文化财富。但日本侵略战火的破坏和人为的无耻劫掠,给中国造成巨大的损失,令国人无比痛惜。日本军国主义的罪行罄竹难书,将永远被钉

文化侵略

在人类的耻辱柱上。

文化侵略是有计划、有组织的，最高指挥是日军驻华北特务机构，其负责指导、监督伪华北政务委员会的文化教育宣传工作。日本人认为用中国面孔做宣传更容易被接受，于是中国汉奸民间组织伪新民会和伪政府一起成为日本进行文化侵略的帮凶。

本书撰写从日本古代神话传说起笔，就日本对华北进行文化侵略的大致过程和主要内容，分四章写作。由于侧重纪实性，本书有意多引用亲历者的回忆录、当时报刊登载的新闻报道等，这些不同形式、不同题材的记述生动通俗，可以增强本书的可读性和严谨性。本书既重学术性，更力求可以使一般读者初步了解日本对华文化侵略的基本事实。书中不妥之处在所难免，恳请读者批评指正，同时期盼有更多的相关研究成果问世。

目 录

第一章　日本侵略文化的由来 …… 1
一、唯"天皇"独尊的日本民族思想意识 …… 1
二、侵略文化色彩渐趋浓重 …… 7
三、日伪华北文化机构的丑恶嘴脸 …… 12
四、不能忘记日伪勾结祸国殃民之痛 …… 51

第二章　美化殖民战争大造舆论宣传攻势 …… 53
一、建设所谓"大东亚新秩序"
　　"大东亚共荣圈" …… 53
二、诱惑中国民众不辨敌我，认敌为友 …… 60
三、凶相毕露的"治安强化运动"和
　　"新国民运动" …… 75

第三章　图谋泯灭中华民族之魂的恶毒手段 …… 89
一、普及日语为中心的奴化教育 …… 89
二、以日本学校教育思想同化中国学生 …… 99
三、亲历者揭露、控诉日本奴化教育的罪行 …… 120
四、不见硝烟的奴化与反奴化的尖锐斗争 …… 144
五、新闻界、文艺界反奴化坚持抗战 …… 168

六、中国知识分子接受挑战敢于担当 …………… 176
第四章　华北文典、文物惨遭破坏、掠夺 ……… 196
　一、损失巨大，国人痛惜 ………………………… 196
　二、日本在华北蛮横的调查和盗掘 ……………… 204
　三、战后中国追索国宝的斗争 …………………… 221
　四、美化侵略给善良人的警示 …………………… 235
主要参考文献 ……………………………………… 240
后　　记 …………………………………………… 244

第一章 日本侵略文化的由来

第二次世界大战中，日本是法西斯"轴心国"之一，惨绝人寰的战火给中国和其他亚洲国家造成灾难性的破坏。自世界反法西斯战争胜利后，历史虽已翻过这一页，然而日本右翼政治势力妄图复活日本军国主义的活动依然嚣张。观日本独特的历史文化，我们会发现其有明显的武力对外扩张的侵略色彩，这与日本的自然地理环境和人文历史等诸因素都有直接而密切的关系。

一、唯"天皇"独尊的日本民族思想意识

世界各民族几乎都有上古时代的美丽神话或生动传说。神话传说把自然力人格化，认为神有崇高无上的权威，主宰宇宙。故事内容富有积极的浪漫主义精神，其中许多英雄、帝王的业绩充满了神秘性。神话传说反映了人类从茫昧走向文明的进程，甚至在以后的历史发展中还能从中找到它的影子。

（一）日本古代天皇制的成因和传承

日本的神话传说正如其他民族一样，从开天辟地说起。传说，在远古茫茫宇宙混沌之中，出现两位神，一男一女，就是创世神伊邪那岐命和伊邪那美命，二人的结合又生下许多神，伊邪那岐命从身上洗垢而得的"三贵子"中便有天照

文化侵略

大神,即太阳女神,管理天界——高天原;拜读命为月亮神,管理夜间夜之食国;建速须佐之男命为海神,管理海域——海原。众神主宰宇宙,各司其职。但是,久而久之,众神也经常发生冲突,从天上打到地下。海神建速须佐之男命因触犯天照大神被赶出天界,降到地上人间。为了平定地界乱局,天照大神派其孙——天之孙去管理地上人间,还派五位神随行,并赐予三宝:八尺琼勾玉、八咫镜、草薙剑,是权威和祭祈的象征。天之孙到地界遇到了地神之姐妹二美女,他们结合后生下了一男婴,该男婴长大后与其妻产下神倭伊波礼毗古命,即"神武天皇",《日本书纪》称为"始取天下之天皇,被尊为日本皇室的始祖"。《日本书纪》一书成于公元720年,正是元正女皇(第四十四代天皇)在位期间,该书可谓是日本流传至今最早的正史,编年体,共30卷,仿中国典籍上的文字描述日本古代传承历史。

据中国著名史学家1958年编辑成书的《中外历史年表》记载,公元前660年日本神武天皇即位(第一代天皇),是为日本纪元之始。❶

日本第一代天皇神武天皇始立时间,相当于中国东周时代的周惠王十七年(公元前660年)。神话传说时代应处于原始社会时期,据考古发掘,日本有新石器时代文化——绳纹文化,因陶器上带有草绳花纹而得名,大约在公元前12000年至公元前300年。❷ 以后,又有铜、石并用时代文

---

❶ 齐思和、刘启戈、聂崇岐等:《中外历史年表(公元前4500年~公元1918年)》,生活·读书·新知三联书店1958年版,第36页。

❷ 另一说,日本此前已有旧石器时代文化。

化——弥生文化,此时在氏族内部已出现贫富分化的现象。这一文化现象出现在公元前300年至公元250年,表明原始社会已开始向阶级社会过渡。公元1~3世纪,据中国史书《魏志·倭人传》记载,当时日本列岛有一百多个小国,其中最强大的一个奴隶制国家叫邪马台国,由女王卑弥呼统治,在对外关系上与中国的曹魏❶通好。

女王死后,国内发生变乱,具体情况史无记载。虽然日本列岛小国林立,但天皇依旧一代代传承。在奴隶社会时期,日本天皇不是统一国家的天皇,在与中国交往时,中国称之为"倭王"。"倭"字是"山地"的意思。

日本天皇的地位自进入封建时代后发生了转折性的变化。邪马台国衰落后,在大和地区(今奈良县)逐渐兴起大和国家,"大和"民族是日本祖传的族名,其后裔就是日本居民,公元3世纪建大和国,公元7~8世纪最盛。在这一时期,日本积极吸收隋唐先进文化,推动了政治、经济的发展。最终,日本的统一由大和国完成。日本由分裂走向统一的过程,时间很长,神话传说也有反映。在"日本武尊东征"一段中,天皇诏臣:"今东国不安,暴神多兴,加之虾夷叛,扰民,派人平之。"天皇持斧钺对日本武尊说:"东夷唯虾夷独强,衣毛饮血,自古以来未感王化,你身材高大,力能扛鼎,无往不胜,实则神人,天下便是你天下,是位便是你之皇位。"日本武尊是神话传说的一位英雄,他"乃受

---

❶ "曹魏"指中国三国时期由曹操后代曹丕开始称帝的魏国(公元220~265年)。

斧钺，借天皇之威，往临其境，示以德教，即举兵击之"。❶
传说，日本武尊好美女，其实日本小国多由祭祈神灵的巫女
掌管，与美女结合即意味着臣服，统一小国。这一段故事还
有另一层意思，即文史学家把日本天皇的传说加以系统化，
确立以天皇家族为中心的国家天皇制观念。历史上日本国的
真正统一始于"大化革新"，即公元645年，大和国的革新
派拥立孝德天皇（第三十六代天皇），称大化元年，次年着
手改革，实行土地国有化，取消皇族、豪族土地私有权，设
郡县制，打破贵族豪绅的特权，形成以天皇为首的中央集权
国家，日本从此进入封建社会。公元794年，桓武天皇（第
五十代天皇）将都城迁到平安京（京都），直至1868年日本
明治维新前未再迁都。❷ 以上这一段历史，刚开始的时候，
日本天皇是统治国家的权威，皇权至上并被神化，这段时期
也成为日本古代天皇确有实权的时代。大化革新百余年后，
情形急转直下，皇室颓废，权力外溢，大权旁落，天皇地位
一落千丈，天皇无权时代延续千年左右。

（二）日本近代天皇的权威和象征

日本自完成封建化之后，国家各项制度不断完善，在天
皇之下设有严格等级的官僚机构，皇权巩固，是名副其实的
日本君主专制，全国的土地和人民都成为天皇的公地和公
民，同时，废除了氏族贵族的世袭特权，社会稳定。大化革

---

❶ 张龙妹：《日本古典文学入门》，外语教学与研究出版社2006年版，第13-20页。

❷ 齐思和、刘启戈、聂崇岐等：《中外历史年表（公元前4500年~公元1918年）》，生活·读书·新知三联书店1958年版，第334页。

新后百余年间，天皇权力至高无上。

然而，进入 8 世纪以后，皇权由强转弱，大权旁落，天皇几乎形同傀儡。曲折源于封建私人大庄园膨胀，新贵族渴望权力，出现了王室与贵族长期争权的局势。公元 857 年，大贵族藤原良房掌实权，开藤原氏此后二百余年摄政之端。当时年仅 9 岁的清和天皇（第五十六代天皇）等同傀儡，后迫于无奈而出家成为"法皇"。❶ 到 11 世纪，氏族摄政达到全盛时期。皇室也曾试图夺回政权，但几经反复难以奏效，皇权被削弱，出现了割据势力。这种状况发展到 14 世纪形成日本南北朝的分裂局面，长达 57 年（1336～1392 年）。其中，醍醐天皇在南朝自称正统天皇，最后北朝的后小松天皇成为南北朝全国统一的唯一天皇。南北朝的结束对于日本社会来说有益经济的积极发展，对于天皇来说是权力恢复的一次胜利。但好景不长，15 世纪，又出现诸侯割据状态，史称日本战国时代（1467～1615 年），经过一番混战，有衰落者也有强大者，其中新兴的武士封建领主集团，即战国大名集团独立而起，在领域内大力发展农工商各业，城市中的手工工场形成，工场雇用工人，这是资本主义萌芽的体现。类似这种经济发展状况同时也出现在另外一些领国，于是，各地经济联系不断密切，为全国的政治统一奠定了基础。到 17 世纪，由分裂走向统一已是日本社会发展的大势所趋。但是，因封建经济在解体，资本主义萌芽在发展，引起了封建势力的反对和阻挠。日本封建武士贵族德川氏建立的武家政

---

❶ 齐思和、刘启戈、聂崇岐等：《中外历史年表（公元前 4500 年～公元 1918 年）》，生活·读书·新知三联书店 1958 年版，第 334 页。

文化侵略

权就是当时最大的反动势力集团,他们在江户(今东京)组建幕府。❶ 由此,德川幕府掌权历时260余年(1603~1867年),大约从后水尾天皇至明治天皇时代。

明治天皇时代(1867~1912年)发生了扭转日本乾坤的"明治维新"改革——一场资产阶级改革运动。1868年1月3日,明治天皇睦仁颁布"王政复古大号令",废除幕府制,恢复由天皇掌政的统治制度。明治天皇发布了施政纲领,表达了资产阶级以及封建地主在政治、经济、文化、外交等各方面的要求,建立以天皇为中心的中央集权国家。施政方面,实行普遍的"征兵令",由中央直辖部队,从全国招兵建军。1882年1月,明治天皇又发布了"军人敕谕",规定:日本国防军一律称"皇军",效忠天皇。其间还曾颁布"军人训诫",要求军人必须视天皇为超人的神来崇拜,养成绝对遵守"忠节""礼仪""武勇""信义"的武士道精神,日本皇军从此成为军国主义对内镇压人民、对外进行侵略扩张的工具。

1889年制定的大日本帝国宪法,即明治宪法,开篇就规定,国家主权归天皇,宪法赋予天皇的权力有:批准法律、任免、议会的召集与解散、对外宣战等权力,陆海军由天皇统率,枢密院大臣由天皇任命,军部独立于内阁之外,拥有只对天皇上奏等特权。宪法明确宣告"大日本国由万世一系之天皇统治",天皇神圣不可侵犯,天皇是一国之首,总揽统治权,包括最高军事统治大权。天皇不仅是国家之首,而

---

❶ 日本历史上的"幕府"指在中古史上,由封建武士阶级首领建立的武士政府,往往以首领姓氏或所在地命名。

且这些特权是神赐予的。明治宪法最终确定了日本近代天皇制，天皇在日后的战争中成为好战的日本军国主义国家的象征。

回望日本国史，天皇是天照大神的后裔，这不过是神话传说；所谓天皇是神皇，其实也就是某一历史阶段的最高统治者——人间的皇帝；说天皇"万世一系"，那是公元8世纪日本文化学者编纂的《古事记》《日本书纪》有意为之的，把神和人皇贯穿起来，是为了满足日本统治者的需要，使神化天皇、独尊天皇的民族意识逐渐深深烙印在日本人的心中，天皇成为神与国一体化的象征，具有绝对的权力。据《日本书纪》记载，第一代天皇——神武天皇说过："兼六合以开都，掩八纮而为宇。"简括为四个字"八纮一宇"，意即世界将统一于天皇之下，或者说天皇是世界的主宰者。这一"敕谕"被明治维新后生成的军国主义者奉为至宝，成为野心勃勃的推行对外侵略扩张政策的根据，独尊天皇则成了穷兵黩武的军国主义精神之魂。

二、侵略文化色彩渐趋浓重

从历史上看，日本走上对外侵略扩张的道路有一个较长的过程，由最初掠夺物质财富、人口，逐渐延伸到借助某些历史文化元素、结合社会某种势力的驱动方向，不断炮制出五花八门的所谓侵略有理的说法，这些所谓的"理论"给对外侵略扩张提供了扭曲的根据，致使日本对外侵略的胃口越来越大，到20世纪前半期达到了疯狂的顶巅。日本军国主义势力集团以天皇名义动员全体国民，整个日本国像一架战争机器开足马力冲进亚洲各国，特别是对中国，他们表面上说是为"解放"中国,实则是灭绝人性的屠杀和疯狂掠夺。

(一)日本自然地理环境的影响

按照马克思主义的科学历史观,自然环境不能决定历史,但对历史的发展有重大的影响。

日本的地理位置处于亚洲东北部,与朝鲜半岛、中国大陆隔海相望。日本是个岛国,由本州、九州、四国、北海道四个大岛和数千个小岛构成。岛上没有大片平原,而多起伏的丘陵。由于四周临海,海岸线长又是一个特点。日本气候属温带季风气候和亚热带季风气候,温暖湿润,唯本州北部和北海道气候寒冷。这样的地理环境利于开发海洋资源,渔业发达,但不利于农业的大面积发展。整体来说,自然国土狭小和物质资源的缺乏就会产生对外的需求。在日本神话传说中有这样的故事:一天,建速须佐之男命巡游时站高俯瞰,发现自家国土狭长如细带,就自言自语地说:"我统治的国土如此狭小实在说不过去,难道无法使国土变宽吗?"于是,他向海洋远眺,发现朝鲜半岛南端突出一块,就用斧头砍下拉过来补上,并打桩固定下来。他还不满意,发现北面某岛多出一块,向南突出,看似一块没人要的土地,又用斧头砍下来,拉回到自己的国土上。建速须佐之男命觉得日本草木稀少,到处是秃山荒野,看见朝鲜有许多金银山,就想把这些运来……日本神话传说的这一段故事情节,反映了日本人因为国土狭小所引发的一种欲望,想用境外物质资源来弥补本土所缺少的。

自然环境对民族的心理有一定影响。日本国土不辽阔,又缺乏资源，难以让国民生成博大的胸怀。日本的经济发展必然属于外岛经济类型，与周围国家的联系会越来越多，要生存发展，必须着眼海外，对国外的依赖性会不断增强。公元4世纪至明治维新前，日本历史上曾有多次对外侵略掠夺活动，比如346年，倭侵新罗，次年侵新罗掠人；391年，侵新罗、百济，掠人；399年，攻新罗；459年，侵新罗；463年、465年，攻新罗；479年，攻新罗；602年，攻新罗。❶凭借海洋优势，日本不断掠夺近在咫尺的朝鲜半岛。到明治维新以后，日本的对外侵略掠夺发生了质变。

（二）踏上规模越来越大的帝国主义侵略战争之路

1592年和1597年，日本曾两次发动大规模的侵朝战争，结果都在中国和朝鲜联军抵抗中遭到失败，没有如愿占领朝鲜半岛。然而，这是日本封建社会末期的事了。自1868年明治维新后，日本经过政治、经济、军事的改革，国力大增，终于跻身于资本主义强国之列，实现"脱亚入欧"的追求，在这以后的几次国际战争中，日本都取得了胜利。

19世纪末20世纪初，日本同其他欧美资本主义国家同时进入了侵略性更强的帝国主义垄断阶段，由于国内市场狭小、原料缺乏，羽毛未丰，暂无能力通过经济竞争和其他列强争夺世界市场，于是，日本成为要求重新瓜分世界市场呼声最高的国家之一。1872年，日本宣布琉球属日本"内藩"，1875年入侵朝鲜，之后取得开放港口和领事裁判等特

---

❶ 新罗、百济，都是古代朝鲜半岛上的政权。1392年，李氏王朝正式定国名为朝鲜。"朝鲜"一词在公元前已有。朝鲜半岛上矿产丰富，南部平原土地肥沃利于农业，人口众多。

权。1885年,日本迫使清政府订约,取得了与中国同等的向朝鲜派兵的权利。1894年7月25日,日本发动了侵略中国和朝鲜的甲午战争,次年签订《马关条约》,日本割占中国的辽东半岛、台湾岛及附属岛屿、澎湖列岛,勒索白银二亿两,并取得了朝鲜的控制权。1900年,日本伙同欧美帝国主义国家发动瓜分中国的战争,1901年签订《辛丑条约》,日本又获得了更多的政治、经济利益。截至第一次世界大战之前,日本对中国频频开战入侵,究其根源,自然是受日本帝国主义无限追求经济利益的驱使。但是,如果没有政治上给予的保障,没有侵略文化的有力推动,日本走上侵略扩张之路也是难以实现的。

(三)日本文人学者著书立说为侵略扩张鸣锣开道

日本对外发动侵略战争关系本国人民的命运,引起国际社会的强烈反应。因而,战争的发动者不能没有冠冕堂皇的思想理念方面的依据,也不能缺少阶段性的推行战争的规划设计。要把战争的冲动变成看似理性的选择,少不了日本文人学者出力献计献策。

文人学者不是生活在真空里的,他们接触社会生活的各个方面,兴趣领域也不尽相同。其中部分人或出于日本民族的优越感,或基于国势渐强而产生的不切实际的思索和想象,于是就有不少有关日本最终定位、对日本远景的设计以及达成目标的种种手段方面的论著相继问世,例如:1823年佐藤信渊的《宇内混同秘策》、1875年福泽谕吉的《文明论概略》、1894年德富苏峰的《大日本膨胀论》、1916年矢野仁一的《国民东洋史大纲》、1942年丸山学的《大陆的思想战》、1943年伊东六十次郎的《大亚细亚主义文化建设论》,等等。❶ 其实远不止于此,但也足可以看出,这些论著"出笼"时间跨度大,涉及的内容从远古天照大神到近现代天皇的权威,眼光从近海到对准全球,侵略手段则文武兼备,恩威并用。不仅如此,这些对外侵略扩张的所谓"理论"随时间的推移、局势的变迁,发表的密集度和言论的亢奋度都越来越高,以致达到疯狂

图1-1 《大日本膨胀论》书影

之巅。按照他们的说法,日本天皇是神的后代,不仅是日本的天皇,也是世界各国的天皇;日本是文明程度最高的国家,应该教化文明程度低的国家,包括中国;日本是有责任感的国家,自认为具有帮助他国从被奴役的地位重新获得"解放"的使命。说到步骤,先占领朝鲜、"满蒙",再掌控全中国、东南亚各国,此即"大东亚圣战",最终将实现"宇内混同",即统一世界。如此痴人说梦的设计,狂妄自大,令世人难以接受,然而日本的对外侵略扩张竟是这样照章推行的。对于中国华北而言,日本军国主义口中的"解放""同文同种""保全中国""中日亲善""共存共荣""做新民""王道乐土"等一大堆"动听"而骗人的概念充

---

❶ 以上书名散见于王向远:《日本对中国的文化侵略》,昆仑出版社2005年版。

斥于日本的舆论宣传活动之中，日本在华北地区数年间犯下的罪行更是罄竹难书。

三、日伪华北文化机构的丑恶嘴脸

武战和文攻是一对"双胞胎"。日本的文化侵略方式，如宣传侵略有理、美化侵略等，以及为长期统治殖民地，搞奴化教育，打攻心战等，这些情况之后的章节会有记述。推行文化侵略要有一群人去做，一些机构来组织指挥，具体操作就更为复杂。华北敌占区有哪些这类伪机关团体，它们的责任、分工怎么样？可以说有三大块，一是日本华北驻军，二是各级伪政府，三是汉奸民间组织团体，三者缺一不可。

（一）华北方面军司令部

自七七事变开始，日本帝国主义开始了全面侵华战争。日军最高指挥机关为"中国派遣军司令部"，含司令官、参谋总长，还有华北方面军司令部以及山东、山西、河南、"蒙疆"、华中、华南各战区的司令部、参谋部。

华北方面军司令部下设有特务机构，用以指挥特务机关，对中国伪政权进行指导监督。这个军特务部下分第一课作战，第二课一般谋略，第三课后方，第四课指导伪政府，以及承担监督、辅助谋略工作（以后课改称班）。

第四课系统的特务机构又设陆军联络部，在华就有天津、北平、唐山、沧县、石门（今石家庄）、邯郸、太原、开封、徐州、大同、张家口、包头等各联络部。这些联络部具体工作内容很多，以山东的济南陆军联络部为例，这一级联络部又指挥济南市、济南道、泰安道、渤海道的联络部，

第一章　日本侵略文化的由来

任务是监督伪省公署、新民会、合作社、劳工协会、棉花改进会等各级伪政权。其下设四个课，其中第四课负担本区的教育、文化、宣传工作。所谓联络部就是一张网，伪政权一切机构都是日本军队在中国的统治工具；所有的相关日本人都是特务工作人员。这张网牢牢地控制着各级伪政权，日本人就是太上皇，伪政府是傀儡工具。

日本"陆军特务"机构是日本最有力的谋略工具。在七七事变前是日本间谍机构，专事刺探情报，制造恶性事件，寻求侵略借口，在北平、天津、张家口设点。事变发生后，具体操纵中国伪政权，推行"以华治华"的政策方略，具体任务：一是谋划、建立各级伪政权；二是在伪政权内建立情报特务机关；三是操控伪军，骚扰抗日根据地；四是放开鸦片种植、交易，毒害中国人；五是成立"劳工协会"，为日本抓捕劳工；六是设立"治安强化本部"，发动针对中国共产党的镇压、"剿共"活动。❶

1938年，日本"速战速决"的美梦破灭，日本侵华战争进入相持阶段，日本改行"以华治华""以战养战"的政策，对中国的文化侵略进入疯狂的时期，日本驻华北方面军陆军特务部发挥了重大作用。

日本陆军特务部下属还有具体做宣传宣抚工作的组织"宣抚班"。"宣抚班"是日本侵略军打到哪里就在哪里对中国民众进行欺骗性宣传、虚伪安抚的一支部队，每一班人数不多、机动灵活。这些日本军人干什么、怎么干，当年中国

---

❶ 中央档案馆、中国第二历史档案馆、吉林省社会科学院：《华北治安强化运动》，中华书局1997年版，第984—987页。

· 13 ·

民众比较清楚,其中的几位亲历者回忆了日本"宣抚班"的方方面面,有助于我们了解这支特殊队伍的玄机。

1. 石门第三"宣抚班"的内幕

1937年7月7日,日军发动卢沟桥事变。10月10日,日军占领石门(今石家庄)成立石门第三"宣抚班",全称是"大日本军石门第三宣抚班"。

"宣抚班"总部设在北平,整个沦陷区都有基层班组,在北平设立的"宣抚班"本部(总部),领头班长是日本特务八木沼丈夫,受日本华北派遣军司令部直接领导。每个"宣抚班"由日本人负责吸收一些汉奸文人为走狗,但大小头目都是日本人。"宣抚班"的任务是配合侵华战争,进行反动宣传,欺骗麻痹中国人民,并负责日军占领地区的所谓"安抚"工作。它是日本军国主义者用枪炮屠杀统治中国人民的同时,从精神上毒害、政治上压迫中国人民的另一种手段。

据亲历者赵德汶回忆,石门第三"宣抚班"设在民族街原中和轩饭庄西边路南的一个银号里。班长是日本人表弘。班里还有日本"宣抚"官饭岛、中村、柳赖、迫田等。"宣抚"官也有中国人刘贯一、李咸荣、梁仁政、蔡连增等,还有男女"宣抚"员16名。

第三"宣抚班"成立之后,在石门各地大肆进行反动宣传活动,鼓吹"中日亲善""同文同种",胡说"日本出兵中国是为了救中国人摆脱苦难""建设大东亚共荣圈"等,欺骗群众。日军占领石门的初期,"宣抚班"负责发布文告,张贴安民告示,阻止市民外逃等。"宣抚班"还网罗汉奸、流氓,拼凑了石门治安维持会,由大汉奸大恶霸李汉卿出任会长。"宣抚班"还搜罗附近村庄的零星地主武装,组成皇协军和地方警察等。更主要的是,"宣抚班"直接操纵了石门伪政权的建设,先是改组维持会为市公署筹备处,由马鹤俦任处长,后来正式成立伪市政公署,"宣抚班"才停止对伪市政公署的操纵和控制,但仍然起监督作用。

第三"宣抚班"雇有一部分特务、密探,四处活动,搜集共产党八路军的政治、军事情报,提供给日本宪兵队。班里设有一名专门负责情报工作的"宣抚"官。在组织上,"宣抚班"不断招考训练"宣抚"员,令其接受反动教育和训练,学习"新民主义""新民精神",还学习日语,由伪新民会宣传科一个姓王的科长讲课。对新招收的"宣抚"员采取边学习、边训练、边工作的办法,经常组织新学员到市内各影院上演前进行宣传。当时群众对这些汉奸的卖国宣传十分愤慨,以喧哗或退场等形式表示反抗。"宣抚班"在市内各主要街道的墙壁上书写反动标语,散发传单,污蔑抗日军民,鼓吹所谓"中日亲善"。

在武汉沦陷前夕,第三"宣抚班"为配合日军前线作战,在回民街升平剧院组织了一次青年讲演比赛,讲演的题目是"武汉沦陷的必然性",参加比赛的有"宣抚班"的"宣抚"官、"宣抚"员,还有一些小学教员。日军参谋部对这次大会很重视,有两名参谋参加大会并给"优胜者"发了奖。

随着日军的南侵和沦陷区的扩大,北平的"宣抚班"本部不断在各地增设"宣抚班"。当时曾在旅大招收了一些会日语的汉奸担任"宣抚"官,又从东北铁道株式会社调来一些日本人,一起派遣到各地去发展组织,"宣抚班"很快发展到100多个。驻石日军师团司令部内设置了"宣抚指挥班",在石门周围各县也增设了"宣抚分班",获鹿、南宫、灵寿等县都有分班。日本特务机关通过"宣抚班"对占领区的一切工作进行监视。"宣抚班"驻地的军政警头目都要定期向"宣抚班"汇报工作。

1940年3月,"宣抚班"与汉奸组织"新民会"合并,统称"中华民国新民会",直到日本投降。❶

这些回忆清楚地表明以下几点:(1)"宣抚班"由日本人主掌,并网罗一些中国汉奸分子参与;(2)他们宣传的是"同文同种"之类,迷惑中国人民与日本"亲善";(3)"宣抚班"操纵当地伪政府,并负责监督;(4)配合前线,宣扬"日本必胜";(5)发展组织,"宣抚班"的数量不断增加,以扩大影响。

2. "宣抚班"是日军侵华的特殊工具

"宣抚班"的一个特点是以口头、文字形式向中国人民灌输媚日、崇日的思想。同时还用虚情假意的小恩小惠收买人心,为日军侵占地盘疏通、铺垫道路。

除河北省石门外,其他地区的"宣抚班"情况与之有何异同?亲历者张成德回忆了山东省"宣抚班"的情况。

"宣抚班"直属日军的华北派遣军领导,在山东的济南、青岛、烟台等地设有"宣抚指挥班",指挥班下设"宣抚班",根据需要,"宣抚班"以下设"宣抚分班",如普集车

---

❶ 中国人民政治协商会议石家庄市委员会文史资料委员会:《石家庄文史资料》(第二辑),河北人民出版社1988年版,第74页。

第一章 日本侵略文化的由来

站是第59"宣抚班",龙山车站的"宣抚班"是59"宣抚班"的分班。龙山宣抚分班只有两个人,我曾在那里住过。即墨县城里是第42"宣抚班",兰村车站"宣抚班"是42"宣抚班"的分班。兰村宣抚分班多时4人,少时2人,我也曾在那里住过。城阳车站是第4"宣抚班",后迁海阳县城里。铁路沿线各大站和沿线各县城都有"宣抚班"。"宣抚班"人员有多少,最多不超过10个人,其中有班长一人(由日本"宣抚官"充任),其余都是"宣抚官"。"宣抚官"的级别有"部员"、有"雇员",部员高,雇员低,身份都是"军嘱托"。日本人都是部员,中国人大部分是雇员,个别的也有部员。"宣抚班"班长和"宣抚官"都带"大日本军官宣抚官"袖章,袖章白底红字。给养由各地日本警备队供应。……"讨伐"或"扫荡",即通知"宣抚班"随军作"宣抚"工作。"宣抚班"也可根据需要,请求警备队派兵保护到各村搞"宣抚"工作。❶

张成德介绍了山东的日本"宣抚班"组织结构后,又记述其活动内容,归纳起来主要有以下几点:

(1)"宣抚班"所到之处,首先组织伪治安维持会,委任伪会长,负责当地行政事宜。

(2)在铁路沿线的"宣抚班"则首先组织"爱护村",保护铁路,防止被破坏。凡是铁路两侧10里以内的村庄,

---

❶ 中国人民政治协商会议山东省委员会文史资料委员会:《山东文史资料选辑》(第25辑),山东人民出版社1988年版,第150－151页。

文化侵略

都被划为"爱护村"。每天早晨,"爱护村"村长要送一份情报,如没有什么情况,则在条子上写"平安无事"。送来的情报由专人登记。

(3) 组织青年、小学生、小学教员受训,进行奴化教育,灌输亲日思想。例如,1938 年龙山车站"宣抚班"("宣抚官"是日本人百桥淳印)就曾组织龙山镇的 20 余名青年受训。1940 年海阳县"宣抚班"组织 30 余人受训,名曰"青年团",还组织"少年团",并发给特装以显示高人一头的气势。

通过奴化教育,有个别受训青年因意志薄弱缺乏爱国心走上了背叛祖国的犯罪道路。例如兰村镇受训青年陈孟恩,又名陈惠臣,后来当了即墨县第七区的伪区长。同时,也有一些有正义感和民族自尊心的青年,不畏强暴,竟敢于在日军召开的大会上作抗日宣传。

(4) 通过各种形式搜集情报。①在"宣抚班"的办公费中有一笔"情报费",可临时雇用一些地痞、吸毒者当"宣抚班"的密探,到各处刺探情报。他们没有固定工资,按送来的情报价值付款,重要情报多给钱,一般的情报就少给钱。②各"爱护村"村长有事无事每天要到"宣抚班"送条子一次。③查店。兰村车站前的各客栈每晚要往"宣抚班"送店簿,日本"宣抚官"大桥规矩雄看过店簿后,便叫"宣抚班"雇用的听差去各客栈叫人,向旅客打听消息。有时旅客不说或者说没有游击队或八路时,大桥便殴打旅客。④检查信件。"宣抚班"有时对邮局的信件进行检查,发现内容有问题即予扣押。当时特别注意来自重庆的信件。通过以上各种形式搜集来的情报,汇总后送交日本警备队和

"宣抚指挥班"。

（5）搞反动政治宣传。①宣传拥护伪北平政府和伪南京政府。在七七事变后的前几年，以宣传国民党蒋介石如何不好为主，后来才有了反对共产党的宣传画，画面上画一青面红发魔鬼，在画面下部印有"赤魔不死，大乱不止"的字样。在对群众讲演时，也宣传共产党共产共妻，蛊惑人心，欺骗群众。②在警备队"讨伐"或"大扫荡"时，"宣抚班"要随军做"宣抚"工作，有专人背着传单和大盒奶糖，有时间就召集群众开会，散发传单，还发奶糖。③在"宣抚班"的办公费中还有一笔"医药费"，各地"宣抚班"都有简单的医疗设施，为群众免费治病，收买人心。④奴化教育。"宣抚班"还开办日语学校，对小学生进行奴化教育。例如，1939年兰村站"宣抚班"曾在车站办日语班。在即墨县城小学、海阳县城小学都开设有日语课。⑤发放春耕贷款。1941年，海阳县"宣抚班"曾向各村发放春耕贷款，以笼络人心。

此外，当地"新民会"紧密串通"宣抚班"一起，卖力宣传贯彻日本殖民政策，表达将协助日本长期统治中国的忠心意愿。如临沂的"新民会"组织的做法大致如此。❶

在河南省，"宣抚班"的活动突出的是对新占领区首先干的三件事。1938年6月6日，河南省开封市失陷，日本"宣抚班"立即依照日军第14师团长土肥原贤二的指示，拉拢中国当地民族败类，如"地方巨绅""在野名流"出面组

---

❶ 山东省政协文史资料研究委员会：《山东文史资料选辑》（第25辑），山东人民出版社1988年版，第151页。

文化侵略

建伪政权。6月15日，在"宣抚班"导演下成立了开封市"维持会"。这是第一件事。如何尽快恢复市容？这是第二件事。"宣抚班"采取了免费为贫病市民就医、维修道路和民房、救济失业等小恩小惠的方法收买人心。两个月后，开封市原居民逃亡人户归市，商店陆续开业，伪警维持治安，原开封市"维持会"升格为伪市公署，日军初步巩固了侵略政权的统治。操纵当地伪政权效忠日本，这是第三件事。

1938年8月，河南伪豫东行政委员会成立，初步的建制设置规定"一切听命于当地日军宣抚班"。伪行政委员会则忙于替日军做"扶蒋灭共"的宣传。9月，又召开民众"反共大会"，会后发通电、宣言，向日军献媚。同年12月，武汉失守，全国人民均为此而焦虑不安，而伪政权按"宣抚班"意图召开了"光复"大会。❶ 武汉原本是中国领土，被日军侵占，何言"光复"？这是伪政权向日军进行的又一次谄媚之举。

河南省"宣抚班"首做的三件事从表面看是三项具体任务，而围绕的中心是组建、巩固占领区的政权，其根本目标指向首要敌手中国共产党，将其作为消灭的对象；认为吞并中国领土是天经地义的；中国人必须立即听命于亲日政权，做日本的"顺民"。这也就是日本"宣抚班"的本质。

对日本"宣抚班"，人们一般多注意它们在政治层面上的暴举，面对其经济方面的活动少有关注。事实上，"宣抚班"对占领区经济掠夺，其手段多样而残酷，在中国肆意搜

---

❶ 邢汉三：《日伪统治河南见闻录》，河南大学出版社1986年版，第26-28页。

刮民脂民膏的行为同样令人愤慨。

在山东省临淄市的日本"宣抚班"采取巧取豪夺的方式敛财,严重伤害了中国民众的心。其方式方法有两种。

一是专设物资股,搜刮民财,供敌军需。日军初进城中时,城内及附近村庄的绅民百姓早已逃往他乡,日军日常所需肉类、菜蔬、柴草、马料奇缺,故而在"宣抚班"下专设物资股,择郁荣臣为股长,依仗敌寇势力,胁迫各乡、村伪政权(初为各乡、镇、村的"维持会",后为各级伪政府)及其办公人员,横征暴敛,强取豪夺,使日军暂避军需之难,得以休养生息,从而逐步推行其"以华制华""以战养战"的反动策略。

二是进行"宣抚"、宣传,欺骗绅民百姓回城。他们把城里的上层人物作为"抚慰"的主要对象,通过各种渠道,查出他们居住的村镇,施以威胁利诱,哄骗他们回城。如后来任"维持会"会长的刘爱亭、伪区长钱广湘、清末民初的中将参军统领钱广汉等,都是当时的主要"宣抚"对象。在这些上层人士回城的影响下,一些商界人士、城市居民,也不堪忍受弃家舍业、颠沛流离之苦。但回城之后就会受到百般勒索。❶

3. 一个日军"宣抚官"的回忆

日本"宣抚班"作为一支另类的、极为特殊的日军部队,在战中、战后都受到日本国内的关注,甚至其形象走上了文坛,形成"宣抚文学"。参与者有作家,也有上过战场

---

❶ 山东省政协文史资料研究委员会:《山东文史资料选辑》(第25辑),山东人民出版社1988年版。

的、有较高文化水平的日本"宣抚官",他们动笔描写自己亲身经历的"宣抚生活"。因此透过"宣抚文学"能了解日军"宣抚官"的本来面目。

下面是"宣抚文学"中描述一个日军"宣抚官"在中国农村对几十名农民进行一次"宣抚"演讲的经过和片段:

不久我们来到了一个很大的十字路口。忽然遇到一个老头儿。万宣抚官(一个汉奸——笔者注)一下子抓住了他。命令他把城内的民众都叫出来。他说着"是的,是的",挨家挨户地敲门。先是出来一两个,老头儿继续转,人数逐渐多了起来。我们也来到附近的家门口,说:"都来吧,不要害怕!"

老头儿、老太太、小孩儿,约集中了五十来人。都是一种惴惴不安的眼神。我和万宣抚官登上十字路口的一辆牛车,慢慢地开始了演讲。

"诸位,我们是日本军。我们今天在这个村落的前面和你们国家的军队打了仗。激烈的枪声把你们给吓着了吧。我们日本军队是不把你们这样的善良的中国民众作为敌人的。我们的敌人,只是怀有错误思想的中国的军队。请看,你们的皮肤和我们的皮肤有什么不一样吗?你们的眼睛和我们的眼睛有一点不同的地方吗?诸位和我们日本人都是兄弟民族。你们和日本人流着相同的血液。我们日本人希望和你们中国手拉起手来。但是蒋介石一派却抵抗我们。我们没有办法才拿起武器惩罚他们。再说一遍,我们日本人的敌人,只是继续抗日的中国军队。我们日本军不是侵略者。我们是来保护你们的。如果我们是侵略者的话,现在就直接把你们杀

第一章 日本侵略文化的由来

了,把你们的财产抢了,把你们的家放火烧了。可是,你们现在围在日本人的身边,一个被杀的也没有。这个事实你们看到了吧。有人在日本军队进入亳县城的时候,就警备着县城,保卫着民众的安全,并且已经成立了自治委员会,正在县城建设王道乐土。你们当中有看到的吧?日本军队的行动就是这样,是神圣的行动,所以我们把这场战争叫作圣战。诸位现在必须和日本军队合作,在这个十字河口建设王道乐土。这是你们的义务,也是你们的幸福。这样,你们就再也不受'支那'军队的掠夺了。如果有人暗通敌军,日本军队会毫不犹豫地把铁锤砸在你们头上。怎么样?都听明白了吗?明白了就赶快行动吧!"❶

这一段绵里藏针的演讲,十足地暴露了日本"宣抚班"虚伪凶残、阴险狠毒的本来面孔。这种演讲就是日本"思想战"的一种形式,从近处说可以欺骗人心,分化群众;从远处说,甚至可以瓦解群众的抗战意志。但是,要让中国老百姓从抗日变为媚日谈何容易。

(二)伪华北政务委员会及伪道县公署机构的建立和傀儡职能

1938年9月22日,在日本扶植下,北平伪中华民国临时政府与南京伪中华民国维新政府合并,组成伪中华民国政府联合委员会,王克敏为主任委员。1940年3月30日,北平

---

❶ 转引自王向远:《"笔部队"和侵华战争——对日本侵华文学的研究与批判》,北京师范大学出版社1999年版,第154-156页。

的"临时政府"改称为伪华北政务委员会,王克敏为委员长。

1. 华北伪政权机构设置

伪华北政务委员会下设行政区包括河北、山西、山东、河南四省及北平、天津、青岛三市。伪华北政务委员会下设机构有五个总署:治安、农务、经济、教育、工务。

所谓"公署",即政府公务员办公的处所。伪华北政务委员会下有伪省公署、道公署、县(含市)公署,共三级。各级伪公署下设多个科室:秘书室、民政科、教育科、建设科、警察所、宣传室,六个科室各司其职,处理公务。

伪华北政务委员会及各级伪公署的施政方针:"即在遵循兴亚之大道,以努力东亚新秩序之完成,而求华北政治之日臻明朗化。故内务则重在强化治安,以期民得其所;财务则重在稳定金融,以期财足其用;治安则振刷军备,以弥隐患;教育则浚启民智,以正人心;实业以富国为归,裕民为务;建设以利国为本,便民为先。凡此种种,咸属急务职责所在。"❶ 这份施政方针充分表明,伪华北政务委员会一切工作的中心都是为实现日本建设"东亚新秩序"的战略目标,各级各部门都要围绕这个中心为日本侵略计划服务。了解这一点很重要,不管日本对中国的文化侵略要怎样的花招美化对中国民众的奴化教育、宣扬"王道乐土"等,都是为实现日本帝国主义妄图独霸中国以至亚洲的目的。

以天津市伪政权为例来看傀儡政府的性质。自1937年7

---

❶ 章伯锋、庄建平:《抗日战争》(第6卷),四川大学出版社1997年版,第279页。

第一章 日本侵略文化的由来

月29日敌寇占领天津起，就收买民族败类组织傀儡政府，12月14日伪天津特别市公署宣告成立，主要政府机构开始办公。其中，"市议会"是最高决策机构，除市长、参事、处长参会外，日本顾问、辅佐官自当幕后。"市议会"审定各机构相关法规、制定预算、审核决算、审定市政建设规划等重大事项。"顾问室"是日本人的办公处，总揽市政大权，权限大大高于一般科室。其他机构都按规办事，在经济上推行殖民政策，疯狂掠夺各种资源、巧取豪夺，一批批抓捕中国劳工赴日做苦役。伪教育局、社会局、宣传处秉承主子的旨意，鼓吹宣扬"中日亲善""王道乐土"，推行普及日语、培训青少年团等奴化教育制度。伪政府通过各种形式如演讲、游览会、电影音乐、街头展览、漫画展、恳谈会等，大肆鼓吹"大东亚新秩序"，也就是"大东亚共荣圈"。日寇向来说与做相互矛盾，表里不一，汪伪政府依然卖力气地为主子的侵略涂脂抹粉，足见其奴才本性。

伴随日伪在政治上的专横统治和经济上的压榨掠夺，在文化上也是软硬兼施，凡与伪政府不配合甚至对抗者，均惨遭迫害，如天津耀华学校校长赵天麟、爱国报人刘髯公等都因反日、抗日殉难。对中国原有的学校，特别是高等学校如南开大学、北洋工学院进行大肆破坏，几十所中小学也被拆散停学。在教育政策方面，日语定为必修课，历史、地理课教材干脆取消，改学炫耀日本国的外来课本，向天津青少年极力灌输奴化意识，妄图培养出"皇国顺民"。❶

---

❶ 广濑龟松：《津门旧恨——侵华日军在天津市的暴行》，天津社会科学院出版社1995年版，第6－7页。

文化侵略

日伪政府的统治与中国民众的生活格格不入，社会环境、工作、学习、生活习俗都发生了使人反感乃至恐怖的变化。这一切都是日伪政府一帮汉奸在日本顾问扶植下，甘当驯服工具的结果。

天津市的政治、经济、文化诸方面的状况是日本帝国主义在中国广大占领区进行统治的一个缩影，这些地区已经殖民地化，这是中国近现代史上又一次大倒退，是一个屈辱。早在20世纪初《辛丑条约》的签订标志着中国彻底沦为半殖民地半封建社会，直到民国时期未发生根本性变化。半殖民地半封建社会的特点是中国还保留着一个独立国家的形式，但殖民地化的地区则是完全被外来侵略集团操纵控制的地区，台湾、东北三省是最典型的。少了一个"半"字，社会性质发生了根本性的变化。

2. 文化教育、社会宣传部门的权限

伪华北政权的机构不可谓不全，机构的权限各有所规。文化宣传部门的职责范围如下：

教育科

（甲）学务股

一、关于县属中等教育事项

二、关于县属初等教育事项

三、关于鉴定教员事项

四、关于小学教员训练事项

五、关于义务教育推行事项

六、关于私塾改良及取缔事项

七、关于各学校应行兴革事项

第一章 日本侵略文化的由来

八、关于学务纠纷处理事项

九、关于学校经费审核事项

十、关于学务类各项表册调查及编制事项

十一、关于学务视察报告书表编制及审核事项

十二、关于学校观摩会及成绩展览会筹备指导各事项

十三、关于其他有关学务事项

(乙) 社教股

一、关于新民学校事项

二、关于识字运动事项

三、关于民众读物事项

四、关于职业补习学校事项

五、关于新民教育馆及图书馆等设施事项

六、关于戏剧影片词曲审查改良事项

七、关于体育及学校卫生事项

八、关于残废人及低能儿童特殊教育事项

九、关于社会教育计划事项

十、关于青少年团及妇女团事项

十一、关于学校奉公队团事项

十二、关于其他有关社教事项

宣传科

一、关于编制宣传计划及报告事项

二、关于设施宣传工作事项

三、关于发表新闻事项

四、关于宣传团体之指导监督事项

五、关于检查各种演艺及出版物事项

六、关于搜集整理各种情报及宣传资料事项

七、关于各种调查事项

八、关于其他有关宣传事项❶

　　宣、教两科职掌项目繁多,内容从学校到社会,从教育界到文艺界,从制订计划到检查监督,从青少年到妇女儿童,几乎无所不在。人们可以从中观察到以下几点:一是有组建学校、发起社会宣传活动权;二是有审查、监督权;三是有兴办、改良权;四是有搜集情报权等。总之,俱是配合日本的文化侵略意图。下面介绍石门市(今石家庄市)、唐山市两地具体动作情况。

石门市

　　为整顿、振兴石门教育事业,"社会局"下所设教育科先后颁布了《市立小学教职员服务规程》《私立小学暂行规程》《修正改良小学暂行规程》《石门市学董会组织规程》。❷为对全市学校教育实施严格管理,1940年教育科统一印发了《改进全市小学纲领》,规定凡市属小学无论公立、私立均须遵守。❸到1942年6月,全市共有市立、私立、乡村小学62处,学生人数7608人。❹

　　向来盛行中国的"私塾"全部被改造为"改良小学"。

---

❶ 原件存河北省档案馆,档案号654-2。

❷ 石家庄市教育志编委会:《石家庄市教育志》,河北教育出版社1992年版,第59页。

❸ 郭瑛:"跃进的石门文化",载《石门月刊》第2期,1945年8月5日版,第8页。

❹ 张鹤魂:《石门新指南》,石门新报社1942年版,第16页。

由于石门是日本华北兵站基地的重要地区,交通又比较发达,这里的日本居民有增无减,为解决家属子女就学问题,先后建立3所日本学校,名称显得特殊:石门第一日本国民学校、石门第二日本国民学校、石门日本居留民青年学校,入学的都是日本和朝鲜儿童。学校的负责人称为"教头",由日本人担任。

体现殖民化特征的还有学校内的课程教材,各校不能自编,必须采用伪政府统编的教材;日语课成为必修课,凡高级小学都要每周学日语达到两节或三节课;英语课一律改学日语,其他英法开办的学校都被叫停,充分显示出日语独霸的地位。此外,学校的所谓"朝会""夕会",都要向日本天皇进行拜会,日本帝国主义者寄希望于中国青少年做被日本驯服的后备人才。❶

20世纪初,石门因处于京汉、正太铁路交会点而成名,此距正定几十里。1937年,日军侵占石门时,算起来这里发展起来只有不过三十几年的历史。一个地区、一个城市的文教事业的发展没有百年、几百年的文化积淀就难以奠定丰厚的基础,这是历史事实。日本驻军之所以要发展石门的文化教育事业完全是出于自身的战略要求,为了日本现实和未来的利益必须培养驯服的中国劳动力、储备人才。如此,日伪政权制定发展规划,具体由下属教育科操作完成。石家庄原有的教育发展滞后,城乡以私塾、乡学为主流,水平不过初

---

❶ 以上引文均源自李惠民:《近代石家庄城市化研究(1901~1949)》,中华书局2010年版,第414-415页。

文化侵略

级小学,更缺少新兴学堂。

在宣传方面,由国人办的《石家庄新报》《石家庄月刊》都必经审查,绝不许触犯伪政府的法规,这些严密的检查由伪政府宣传科执行。

唐山市

1935年底,汉奸殷汝耕在通县(今北京通州)建立"冀东防共自治政府",1938年初经日本特务机关导演,与伪华北临时政府合流,成立华北下属"冀东道",换汤不换药,依然是一个傀儡政权。

"冀东道"的学校教育充满了殖民地化色彩,唐山市对日语普及十分重视,1942年8月在一份反映学校教育概况的报告中写道:"本署为谋沟通中日文化,促进两国亲善,并早日完成兴亚大业计,曾于二十九年十月一日,假本市新菜市小学,成立日语夜校一个,计招收学生两班,每班四十人,共八十人,每日午后七时起,至九时止,讲授日语两小时,教员由本署及新民会市总会熟习日语之职员充任,肄业期限为三个月,结果除中途退学者外,计毕业学生王爱仁等三十七名,经考试成绩,均极良好,以后仍拟继续办理。"报告表明,普及日语的目的十分明确,即为完成日本的"兴亚"大业献力。对于如何培训教员,报告指出:奉省令开办日语讲习会。讲习科目:一是精神训话,内含世界情势与东亚新秩序;日本事情;新教育精神及"灭共"工作;二是会话,普通交际用语、学校教育用语、教育行政用语;三是读讲等。不难发现,办讲习所的政治思想目的是宣扬日本帝国

主义的大东亚战略目标,凸显了消灭中国共产党的卑鄙意图。❶

日伪政府一边普及日语,一边封闭英美人士所办的各级学校。伪华北政府在 1942 年 12 月 20 日颁发的《华北各省市封闭英美等国籍人所办各级学校善后处置纲要》中,明令各市伪教育行政机关不仅要封闭而且要做善后处置工作,规定对已封闭的各级学校校长、重要职员及学生要随时"调查其思想并注意其行动";对学校负责人交出的在校师生的财产目录及其他重要文书,"须严密考核所交各项文书簿册内容是否确实";对已封闭各级学校因故不能复核(疑为"校"——编者注)时,"得由主管教育行政机关考察之后酌酌情形改为公立"。该纲要共 14 条,最后强调拟订实施办法后,呈报伪总署备案,并于备案之日起施行。❷ "封闭"一事突出表明,日伪政府教育部门一心效忠于日本帝国主义,对日本帝国主义叫嚣的"仇共""灭共"十分热衷。1941 年在唐山教育界《推行训教方针八条之具体办法》的文件中,训练目标之一是"杜绝容共思想",具体办法是:各校每月举行兴亚奉公日,彼时校长教师要演讲共产党之破坏农村残害人民之行为;训练校长、教员,使之明了共产主义之不容于中国之伦理社会;使学生明了共产党是人类之公

---

❶ 南开大学历史系、唐山市档案馆:《冀东日伪政权》,档案出版社 1992 年版,第 582 页。

❷ 南开大学历史系、唐山市档案馆:《冀东日伪政权》,档案出版社 1992 年版,第 584-585 页。

敌；各机关要讲演兴亚"灭共"之意义，等等。❶

驻华北日军和各级伪政府在日本文化侵略中一唱一和，干了很多阴险毒辣、破坏中国民众人权、违背世界人类公德的坏事，后文将进一步给予深入揭露和批判。

（三）汉奸组织"新民会"的组建和帮凶活动

1. 日军亲自导演组建"新民会"

华北"新民会"于1937年12月24日，在华北方面军特务机关长喜多诚一导演下宣布成立，宣明为"民众团体"。日方意在通过该组织向中国人灌输"中日亲善""共存共荣"的思想观念，消除对日军的敌对情绪，替代"宣抚班"发挥"教化"作用，同时也是对亲日政权的辅助。日本人也深感利用中国人的面孔作宣传可能更有效，在伪满洲国就有利用汉奸组织"协和会"为日本人作宣传动员的经验。"新民会"曾一度称为"中华民国新民会"，名曰"中华"，实则活动范围仅限华北敌占区，包括河北、河南、山东、山西四省和北平、天津、青岛三个特别市。

"新民会"自认为是代表民意的："新民会是华北唯一的民众指导机构，也是民众协助政府、策励政府的有力组织，它具有上意下宣、下情上达的双重性格，使政治的推行因民众的协力而圆滑，因为民众的建议、策励而充实。这样

---

❶ 南开大学历史系、唐山市档案馆：《冀东日伪政权》，档案出版社1992年版，第579页。

讲来，新民会可说是翼赞政府、发挥民意的国民组织。"❶这是"新民会"自己对外宣讲的话，听起来"新民会"像是个尊重民意的组织。再看"新民会"一位宣传部长又是怎么讲的："（七七）事变之后应当赶快用道义来教化人民，使人民自动地来解决此次事变，新民会便是负有此种使命的。现在新民会重要的工作是，怎样才可把握民心？怎样才能使这次中日双方因事变而有巨额军民的牺牲得着良好的结果？只要我们能够真正地把握住民心，才有结果。"❷ 表面上看这番话似无立场，不置可否，实际上已脱离了民众愤起抗战的民心而站在了日本侵略者一方，即中国应承认被侵略的结果，不要抗战。这就是"新民会"的本质。

2. "新民会"的分支无所不在

"新民会"的机构组织分几层：上头是中央总会，以下分别是省总会、市总会、道总会和县总会。每个"新民会"开始办公时，都要作一个报告或发一个宣言之类的东西，意在验明正身，向人民亮底。北平"新民会"在成立时刊发了一份《首都指挥部成立宣言》，时间在1938年3月20日，其内容大致如下：

本会首都指导部于今日宣告正式成立，但本部成立的意义是什么，想为我首都父老兄弟所共乐闻。

---

❶ 章伯锋、庄建平：《抗日战争》（第6卷），四川大学出版社1997年版，第371页。
❷ 章伯锋、庄建平：《抗日战争》（第6卷），四川大学出版社1997年版，第394页。

文化侵略

当本会中央指导部成立的时候,曾以发扬东方文化道德、剿灭国共两党之邪说、实行中日满提携、贡献世界人类之和平幸福之主张告诉国人。首都指导部是中央指导部之直属机关,其工作方针自然没有什么不同。不过中央指导部是总括全国各省市而言,首都指导部的工作范围仅限于首都,因为首都有悠久的光明的历史,一切典章文物和民众的思想、习惯、风俗都有其特异之点。所以今后的民众运动必须"因地制宜",针对着首都去做。❶

北平首都"新民会"成立后,市总会计划在市区、各行各业都建立分会,计有:

(一)计划成立之分会

(1) 农民分会
　　①东郊农民支会
　　②南郊农民支会
　　③西郊农民支会
　　④北郊农民支会
　　⑤园行支会
(2) 啤酒职业分会
(3) 报夫职业分会
(4) 粪夫职业分会
(5) 教育分会
(6) 国医职业分会
(7) 国剧职业分会
(8) 人力车夫职业分会
(9) 汽车夫职业分会
(10) 理发师职业分会
(11) 旧货买卖职业分会
(12) 丹华火柴职业分会
(13) 厚生火柴职业分会
(14) 电灯职业分会
(15) 电话职业分会

---

❶ 北京市档案馆:《日伪北京新民会》,光明日报出版社1989年版,第13页。

第一章　日本侵略文化的由来

（16）自来水职业分会　　　（二）计划成立之外层团体
（17）电车职业分会　　　　（1）中国新民佛教青年会
（18）市政府职员分会　　　（2）北京剧社（第一组）
　　①警察局职员支会　　　（3）劳工协会
　　②工务局职员支会　　　（4）新民茶社
　　③卫生局职员支会　　　（5）烟酒劝戒会
　　④社会局职员支会　　　（6）戏曲研究会
　　⑤财政局职员支会　　　（7）北京剧社（第二组）❶

　　"新民会"作为一个"民众团体"，需要更多的人加入，这么多行业纷纷建立分会还要增加，由日本驻军亲自导演组建。1939年3月，北平市总会在总结工作情况时说："首都指挥部的同仁为发扬中日提携之真谛，以图打破一般人们的心灵的沉寂，深入到民间和一般下层阶级的民众以及一般青年学子打成一片，直接给予民众正确的认识，把民众从散漫和消极的无秩序中组织起来，团结成一个有系统的精神结合。……一年来成立分会的有农民分会、报夫分会、啤酒分会、粪夫分会、国剧分会、国医分会、印刷分会、纸香业分会、理发业分会、花炮分会、教育分会。外层团体方面计有北京剧社、艺术协会、妇女会、佛教青年会、戏曲研究会。本部指导力量已深入各阶级民众中，于此可见。"❷ 周

---

❶ 北京市档案馆：《日伪北京新民会》，光明日报出版社1989年版，第39-41页。

❷ 北京市档案馆：《日伪北京新民会》，光明日报出版社1989年版，第307-309页。

文化侵略

年报告确认了各分会已坐实并肯定他们在基层民众中发挥的作用。可见,"新民会"已扩散到底层民众中,成为日伪政府的侧翼。

图1-2 汉奸街头宣扬"中日提携"

各分会的理论思想核心是什么?教育分会成立宣言表示:"新民政举明朗,大千教育蹶而再振,师道借兹复兴,教育分会于焉诞生。首都硕彦共聚一堂,新民精神发扬光大,中日提携永垂不朽,铲除恶劣思想,指导步入正轨。"❶

农民分会表示:"政府成立,拥护新政权之新民会应运而生,百度维新,农民昭苏有望。旧有名义自不适用于今日用,敢重新组织农民分会隶于首都指导部之下,庶使新民主义深入农村,反共阵线日臻强固,以谋东亚之和平,而维中

---

❶ 北京市档案馆:《日伪北京新民会》,光明日报出版社1989年版,第59页。

第一章 日本侵略文化的由来

日满关系之稳定,凡我农民,盍兴乎来。"❶

劳工协会在章程中写道:"现下中国民众对于日本帝国之真意亦已谅解,日渐信仰日本国策,自觉建设新兴中国之重要,注意事业之进展与推移。将来各种施设工事之企图庞大,而日本土木建筑之在华北进出雄飞。理解新兴中国之真象,以正义日本国策指导及利用民众达到日华亲善,共存共荣之目的,以建东亚永久之和平。望中日各事业家、诸君公正理解充分援助耳。"❷

举教育、农夫、劳工三个分会之"宣言",因其令人惊愕,"新民会"竟然诱骗民众,把中国的前途希望寄托在日本帝国主义身上,还要"理解""谅解"日本人。正如鲁迅所言,长此以往国将不国,不知将毒害多少善良的中国人,起到日本"宣抚班"难以达到的欺骗宣传的效果。中国前途指望日本侵略者,那只能是做日本的殖民地,"新民会"中则是一帮卖国求荣的无耻之徒。

"新民会"不仅在北平广建分会,凡华北沦陷区亦如此。如在山东省,为开展"新国运动",日伪当局和"新民会"长期以来就采取一切办法把民众组织起来。首先成立各种专业分会,如教育分会、新闻工作者分会、国医专业分会、报夫分会、粪夫分会,等等。在学校成立"青年少年团",在农村,将原有保甲、自卫团等及"青苗会""联庄会"统统

---

❶ 北京市档案馆:《日伪北京新民会》,光明日报出版社1989年版,第44页。

❷ 北京市档案馆:《日伪北京新民会》,光明日报出版社1989年版,第54页。

登记备案，组成"农民分会"。所有这些分会会员都成为"新民会"的会员。据统计，1941年6月山东"新民会"的分会已达1527个，会员53 874人。一年后，分会增加到4546个，会员则增长到1 675 954人。此外，日伪当局及"新民会"在民间也有相当大的影响力，对有一定势力的各种帮会进行登记、备案，并加以威胁利诱，使之接受"新民会"的管理和诱导，从事各种亲日反共活动。据统计，1941年6月，山东省像这样有隶属关系的集体有523个、团员137 232人，经过一年后增加到937个、218 688人。❶

3. 日本驻军对"新民会"的指导意见

1940年，日本驻华北方面军发出一份"竭尽全力加强扶植新民会"的文件，重点提出：向"新民会"普及"东亚联盟"的思想精神，要用日本职员做顾问对"新民会"进行鉴定监督，"新民会"不要日本出面，不是日本人的"新民会"。

一、"方面军竭尽全力加强扶持新民会"。

自从去年（指1940年）11月30日缔结日、华基本条约以来，中华民国南京政府已为国际所承认，对该中央政府的扶持和加强乃是日本坚定不移的国策。然而华北的特殊性在条约上也有所规定，政治事务由华北政务委员会执行。为了使政务委员会具有实力，必须扶持和加强作为其基础的新民会。这样首先加强华北，同时也就是加强了中央政府。如

---

❶ 刘大可、马福震、沈国良：《日本侵略山东史》，山东人民出版社1991年版，第227页。

果立即将华北一切都使之南京化了,那并不是加强南京中央政府的明智做法。

华北始终处于日、华的特殊地位;只有依靠日、华关系的巩固,以及同被加强的华北、华中保持正常关系,南京中央政府才有可能得到正常的发展。

考虑到对华北当前敌人共产党的对策,大家知道,共产党以党、政、军三位一体,与民众的关系犹如鱼水,正在积极争取民众,我方也必须以军、政、会三者与之对抗,打一场争取民众的战争。现将双方阵营加以对比,我方在军事上占绝对优势,在政治上也未必很差,但以新民会与共产党相比,则处于极端劣势的地位。对共政策的困难性,可以说就在于此。

以上两点就是必须加强和扶持新民会的理由,方面军不惜一切努力推动新民会的发展。

二、"新民会为彻底的中华民国的新民会,决不可成为日本人的新民会"。

华北的中国知识分子,厌恶国民党腐败作风,倒有些憧憬着共产党。然而现在亲身体验了中国共产党的实际情况,终于感到厌弃,因而希望自己在华北结成第三新势力。新民会对中国的知识分子来说,是他们唯一的希望所在,是作为东亚新秩序一翼的新中国建设的基础,同时也是革新日、华合作的必由之路。因此,可以说只要使中国人活跃起来,新民会就有可能充分地发展。如像现在这样以日本人为中心进行活动,不仅妨碍第三势力的结成,而且也不可能从教化团体性质再向前发展。

但是,这绝不是说日本人就不需要了。正相反,要使中华民国新民会得以顺利地成长,绝对需要日本及日本人的大力支援，尤其是在情况复杂的地方，日军、宪兵以及日本侨民等都必须挺身而出，促使中国人的新民运动顺利开展。

三、"国民党与东亚联盟的关系：所谓国民党乃是同志益友，而东亚联盟则是思想精神的一致"。

新国民党（指汉奸汪精卫当家的国民党——笔者注）和新民会是中国新体制的姊妹组织，其地位是对等的关系。从树立革新思想的历史来看，说新民会比国民党先进并不过分。因此，去年中央部曾经决定：在华北由新民会，在华中、华南由国民党，划分地区各自协助治安肃正工作，互竞其善。现在国民党不将力量集中于华中、华南，有些反而进入治安已经恢复的华北。这是避难就易的行为，是不能允许的。国民党是不应进入华北的。东亚联盟的思想，和新民会纲领中的善邻结盟的思想相一致，新民会没有任何理由反对具有共同思想内容的组织。因此，新民会应团结一致，普及东亚联盟的思想。但是，在华北于新民会以外另建立东亚联盟支部，以及在新民会内进行东亚联盟支部的活动，都是不许可的。在此应该注意的，是国民党利用东亚联盟中国总会为外围团体，而将各党各派纳入国民党内的政治手段。因此，新民会有责任指导东亚联盟保持其原来纯粹的目的。

总之，不论是对国民党，或是对东亚联盟，新民会都应站在启蒙立场主动加以指导，万万不可处于被动地位。

四、"新民会日系职员的立场是顾问和监察，日本人参与新民会应坚持少而精的原则"。

新民会应改变协和会的想法。它是彻底的中国人的新民会，应改变过去那种狭隘的指导方法，对于中国人以自己的意志所结成的革新势力，应给以极大的关心和声援，使其愿望得以正当实现。但是,由于各地治安尚未稳定,需经常进行频繁讨伐,这对于没有政治部队的日军来说,就需要一定数量的日本人。加以很难找到中国知识分子,在这种困难情况下,必须逐渐由中央部门培养中国人以之替换日本人。❶

这是为了发动太平洋战争,向"新民会"提出的要求。这份文件,首先,强调要强化对"新民会"的扶植力度,以实现在华北的军、政、会一体的统治。其次,强调"新民会"要伪装,既不能让人以为"新民会"是"日本人的新民会",又要"以日本人为中心"进行活动。再次,日本表示,"新民会"不能反对"东亚联盟"的思想,方向不能变。最后,再次明确"新民会"内的日本职员具有顾问和监督的职能。

(四) 为虎作伥、对日无比"忠诚"的"新民会"

建立"新民会"是日本对中国进行侵略的需要,而"新民会"对日本的扶植也感激不尽,自建立之日起就竭力表"忠心"发誓以实现日本的战略目标为己任而不遗余力,这在1938年北平"新民会"宣传大纲上能充分显示出来。

1. 北平"新民会"宣传大纲

"新民会"《首都指导部会员宣传工作实施大纲》(以下简称《大纲》)是其思想灵魂的反映,是其一切言行活动的指南。原件如下:

---

❶ 章伯锋、庄建平:《抗日战争》(第6卷),四川大学出版社1997年,第430-432页。

文化侵略

一、目的

本部对于所属会员，为求思想之正确及对新民主义有深刻认识起见，特以各分会为本位，对于会员施以宣传。其宣传方法依据本大纲施行之。

1. 使会员认识中日事变之真意。

2. 使会员认识友邦日本圣战是吊民伐罪，为中国人民铲除强暴。

3. 使会员明了新民会是为民众解除痛苦的教化机关。

4. 使会员明了新政权成立是中国苏生的第一步。

5. 使会员认识国共两党之罪恶。

6. 使会员明了世界大势、国民阵线与人民阵线对垒之趋向。

7. 使会员在剿共灭党旗帜之下参加反共工作。

8. 使会员认清新民主义是救中国的唯一原理。

9. 使会员认清中日满提携之必要。

10. 使会员认识复兴东亚民族在发扬东方文化。

11. 提倡中国固有道德养成高尚人格。

12. 使会员养成拥护政府信心。

二、资料

甲（中央指导部出版品）

1. 新民精神

2. 新民主义

3. 新民会大纲之说明

4. 新民主义讲演集

5. 怎样确立东亚和平

6. 新民会与农民之关系

7. 共产主义国家到那里去
8. 由新民主义批判三民主义（印刷中）
　……❶

　　以上是《大纲》第一部分即"目的"和"资料"两方面，其内容主要有以下几层意思：第一，确立中、日、"满"提携合作，实现东亚和平；第二，"剿共灭党"，共产主义没有前途；第三，新民主义概念高于一切，是救中国的唯一原理；第四，发扬新民精神就是建立日本的"王道统治"，新政权是中国新生的第一步。"新民会"的宣传充满崇日媚日的奴性，甘心为实现日本将中国殖民地化，进而独霸亚洲出力效忠。这几层意思与日本帝国主义独吞中国、驱逐欧美势力、"仇共反共"的战略野心何其相似。不仅如此，《大纲》还提出，中国人要理解日本的"美意"，"认识友邦日本圣战是吊民伐罪，为中国人民铲除强暴"，这是对日何等献媚的言辞。

　　丙、标语
　　A（中央指导部制）
1. 新民会与民国以新生命
2. 新民会提倡礼治主义
3. 凡信仰新民主义的人新民会都欢迎
4. 中日同文同种联合起来复兴东方民族

---

❶ 北京市档案馆：《日伪北京新民会》，光明日报出版社1989年版，第18－19页。

5. 国民党外交错误贻害中国

6. 新民主义提倡男治外女治内的男女平等

7. 打倒祸乱中国的魔鬼蒋介石

8. 新民会为中日满建立东亚乐园

9. 新民会提倡孝悌

10. 新民主义提倡王道天下

11. 新民会反对蒋介石依赖英俄扰乱东亚和平

12. 新民会提倡尊孔

13. 新民会提倡敬天爱人

14. 三民主义是西洋思想的糟粕

15. 新青年先从新民做起

16. 新民会是复兴东方民族精神的机关

……

B（首都指导部制）

1. 新民会是复兴东亚民族的急先锋

2. 复兴中国固有文化道德

3. 促进中日满一体提携

4. 参加世界反共战线

5. 新民主义是中国先圣的遗德

6. 打倒破坏人类和平的共产党

7. 国共不除中国永无更生之日

8. 东亚和平即世界和平先声

9. 中日事变是思想的斗争反共的开始

10. 打倒扰乱世界和平的赤色汉奸

11. 新民主义是中国五千年来历史的真正精神

12. 中日紧密联合加强反共阵线

13. 中日紧密提携保障东亚和平
14. 反共灭党是我们应负的伟大历史使命
15. 打倒容共联俄的党政府
16. 联日兴邦剿共灭党
17. 打倒实行焦土抗日政策的党政府
18. 焦土容共抗日是祸国殃民的政策
19. 蒋介石是祸国殃民的罪魁
20. 黄色民族团结起来保卫东亚和平
21. 新民主义是东方文化之结晶
22. 全国人民团结在新民会旗帜下建设新中国❶

《大纲》共设计标语八十余条，主要突出"新民会"作为"民众组织"的价值所在，竭力为自身的存在摇旗呐喊，在对外宣传上突出强调以下几点：(1) "新民会"认同"中日同文同种"，愿"中日满建立东亚乐园"，主张"黄色民族团结起来保卫东亚和平"，"新民会"要担任"复兴东亚民族的急先锋"。(2) "新民会"的新民主义有与日本相同的追求实现"王道天下"的目标，积极"奉行新民主义实现王道政治"。(3) 面对"灭共"，"新民会"铁了心地与日本合作，"中日提携是灭共的基础"，做到"联日兴邦剿共灭党"，"新民会"是"剿灭共党的大本营"。(4) 标榜"新民会"行"德"治主义，"提倡孝悌""提倡尊孔""提倡敬天爱人"，表明"新民会"欲以传统文化迷惑国人而妄行

---

❶ 北京市档案馆：《日伪北京新民会》，光明日报出版社1989年版，第20-22页。

欺骗宣传，美化自己是中国的"精神教化机关"，号召"全国人民团结在新民会的旗帜下建设新中国"，高呼"东亚民族复兴万岁""中华民国新民会万岁"。

标语，是用简单言语文字表示出的有宣传鼓吹性的口号，它具有潜移默化的作用。"新民会"在各种场合都抓住机会用标语向自己的会员和民众通告"新民会"是有宏伟理想、大有作为的"民众组织"。比如1940年，北平举办"反共运动"，在宣传上要民众举反共标语进行示威游行，"新民会"会员分乘三辆汽车，车身以布标语围挂。[1] 1941年6月举行"兴亚运动"，在中南海公园、北海公园、天坛、先农坛、景山公园门首张挂"剿共和平建国"等大标语。[2]

2. 俯首帖耳做日本的帮凶

"新民会"不仅搞宣传，而且要紧跟日本侵略的政治、军事行动而有所作为，以显其"忠诚"。

日本驻军华北，维持治安、保稳固成必然之举。1941~1942年，日军在华北推行五次"治安强化运动"，这种运动和日军的"扫荡"、"蚕食"、屠杀是交织进行的，"新民会"自然也会派上用场，而且自认为是大显身手的时候。比如在第四次"治安强化运动"中，实行"指导一元化"，包括在伪县级民政科，由县联络员与"新民会"一元化；实行"保养一元化"，由"新民会"会长、合作社理事、保甲长、

---

[1] 北京市档案馆：《日伪北京新民会》，光明日报出版社1989年版，第206页。

[2] 北京市档案馆：《日伪北京新民会》，光明日报出版社1989年版，第225页。

"新民"小学校长选出一人兼充；武装训练乡村青年团，由"新民突击队"作所谓"全民动员"；"新民会"在运动中要掌握民众组织（如商业分会、农村分会），统一并掌握各种封建迷信团体，进行普遍的汉奸活动；扩充农村"新民会"组织和工作，强制、引诱青年人加入，举行"兴业会"，"新民会"在活动中务必与警察宪兵有力配合。❶又比如在第五次"治安强化运动"中，为了大力推行"反共"活动，由伪省、道、市、县联络"新民会"结成青年同盟，促进宗教团体进行"反共"积极活动，以竭诚尽力协助"治安强化运动"。❷

通过以上两例可知，"新民会"已脱掉伪装，变成一伙叛国投敌的汉奸群体。

综合来看，"新民会"工作的中心是宣传中国人必须先洗脑，按日本人的思想去认识日本侵华的现实，感恩日本"为中国人民铲除强暴"；要支持傀儡政府"剿共灭党"；必须坚持"中日满一体提携"，也就是一心一意投靠日本。

3. 丑陋、逆耳的"新民会"会歌和会旗

"新民会"会歌的歌词句句是涂脂抹粉，自我标榜，如天地为公而忘私，亚洲联盟振起八荒，极尽美化"新民会"投向日本怀抱的丑恶形象。

---

❶ 中央档案馆、中国第二历史档案馆、吉林省社会科学院：《华北治安强化运动》，中华书局1997年版，第439－440页。

❷ 中央档案馆、中国第二历史档案馆、吉林省社会科学院：《华北治安强化运动》，中华书局1997年版，第660页。

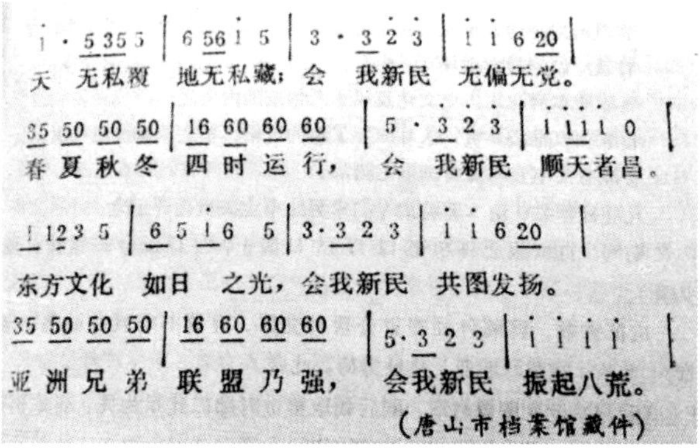

图 1-3　"新民会"会歌

注：河北省档案馆，档案号 654-163。

需要说明的是，这首会歌不是北平"新民会"的，而是河北"新民会"作词作曲的，应该说当时的会歌之思想精神是一致的。"征歌启示"是这样写的：

启者，卢沟桥事变瞬逾二周，阴霾渐消，曙光已透，和平之钟声播全国，宁看中日提携共同迈进，建设东亚新秩序及复兴新中国之途矣，吾人处明朗之区，众群沐向阳之化，慨前尘之黯淡、喜来路之方新，能不鼓舞欢欣，发为歌咏乎。夫讴谣采集，载在周官雅颂，雍容谱诸廊庙，故诗经三百，无非盛世之元音，辞赋万千，多属熙朝之韵事，爰仿国风之意，乃有省歌之征，所以正思想、抒情绪，以期发扬而光大之也。本省燕冀旧邦，化醇俗美，人文所萃，定有佳章，务希各抒所怀，俾资润色，鸿业首选者 1 名，酬以现金 100 元，其余选外佳作以 10 名为限，仍分别等第，致以 20 元至 5 元之薄酬，借助楮墨，并由本署聘请文坛耆儒主持评

第一章　日本侵略文化的由来

选,以免删纲遗珠,兹将征集河北省歌简则列后。

简　则

省歌应发挥建设东亚新秩序之旨趣;
省歌应以能鼓吹东亚和平为务;
省歌应本河北之历史文化及风土人情范围内为之;
省歌须以雅俗共赏,入耳即能了解为合格,不宜深僻多用典故;
省歌意义不宜有反背国歌之措辞;
凡应征作品,由本署聘请专门家另组审定委员会评定之;
期间:自发报之日起至12月15日截止,外埠以付邮戳计日期为凭。
应征省歌,将稿件径寄省公署外交科,并请书明真实姓名(盖章)、年岁、籍贯、职业、住址为荷。此启。
(附记)此次所盖名章,嗣后领取奖金时即以此章为凭,省歌稿件封皮上应书明省歌应征字样,以便识别。❶

这首歌的征选有很强倾向,要宣扬日本建设"大东亚新秩序",歌颂日本对华侵略。不知有多少人受其思想诱导走上邪路;而更多的人会看清组织者的反动意图从而踏上抗日的光明大道。

"新民会"会旗设计思想是怎样的?

新民会的会旗有三个时期的蜕变,第一期是以红绿两色

---

❶　河北省档案馆,档案号654-163。

的太极图为会旗；第二期在华北政委会成立之后，以前临时政府所采用的五色旗为会旗；第三期即新纲领公布之时，采用"亚"字旗为会旗。

新会旗是以白色作地，象征纯洁光明；一个大的"亚"字是象征"大亚洲主义"，当中白日象征新民会之会运如日方中及为新国民运动与新国民组织的中核体；在白日中心嵌有一个古写的"祓"（音 fú—编者注）字，是背恶向善的意思，背恶就是反共，向善就是走向道义与和平的大道；"祓"字用黑颜色，是象征钢的组织、铁的纪律和干的精神。在新会旗与新纲领中，最值得注意的是新会旗宣示"奉行大亚洲主义以团结东亚民族"的精神，新纲领揭现"推行新国民运动以完成国民组织"的路线。新纲领与新会旗公布后，新民会同志在"咸与维新"的情绪下，正在发挥新的力量，共同创造新民会的新生命。[1]

这面会旗不伦不类，尤其"亚"和"祓"两个字，体现了日本帝国主义的侵略野心，"新民会"宣扬的，也正是日本需要的。

归纳日伪文化侵略所做的那些事，如果概括地说，就是对中国的思想战。从广义上说，思想战就是舆论宣传战，或者说攻心战，抓住中国人的心，卸下中国人民抗日思想的精神武装，泯灭中华民族的独立思想意识，做日本殖民统治的顺民、奴隶。

---

[1] 章伯锋、庄建平：《抗日战争》（第6卷），四川大学出版社1997年版，第377-378页。

第一章　日本侵略文化的由来

围绕思想战,日伪采取种种手段,同化、毒化、欺骗、美化,无所不用其极。他们大肆宣扬鼓吹建设"大东亚新秩序""共存共荣";宣传所谓"新民精神",实现王道社会;在文教上,对中国善良的青少年推行奴化教育,怀柔笼络中国知识分子。在敌占区,从1941年3月至1942年12月,日伪前后开展五次"强化治安运动",企图达到确保统治的目的。"治安"包括军事、经济、政治思想方面的内容。其中,"新民会"不断强化"反共、剿共"的宣传成为明显的特点,图谋分离中国共产党与民众的关系,使共产党"绝迹"。日伪干的这些事给中国人民的抗战造成了思想障碍,但终未达到他们的罪恶目的。

四、不能忘记日伪勾结祸国殃民之痛

就组织的性质而论,"新民会"是一个中国汉奸走狗群体,当国家处于危机之际,他们没有迎敌战斗,而是谄媚敌寇,摇头摆尾,甘为人奴,干了许多祸国殃民的勾当。

汉奸,特别是大汉奸卖国求荣,出卖民族利益,罪大恶极,比如殷汝耕。殷汝耕未成年时就到日本留学,专攻日语。三年后,入鹿儿岛第七高等工科学校,毕业后考入早稻田大学,专攻政治、经济学。继九一八事变后,日本继续向华北进犯,占领冀东地区,殷汝耕献媚取宠,赢得了日本侵略者的好感。1935年12月,在日本特务土肥原贤二的策动下,殷汝耕任"冀东防共自治政府"政务长官。他背靠日本,忠实执行主子的奴化政策,如普及日语,引诱无骨气的中国人参加学习;在经济上,支持日本在冀东倾销日本货;在政治上,发布种种镇压共产党人的条例,大批共产党员牺

牲在他的屠刀下。为了表示对天皇的无限忠心,与伪满洲国建立了所谓"国际关系"。殷汝耕是躺在日本怀里的铁杆汉奸,他推崇"日中亲善""大东亚共荣圈",丧失民族气节,当了日本侵略者的鹰犬,是丧尽天良的卖国贼,是中华民族的千古罪人。❶ 比之更大的汉奸卖国贼是汪精卫、周佛海之流。正义的潮流不可阻挡,他们得到了应有的下场,入狱、自杀或被处决,受到了人民的严正审判。

自1931年九一八事变算起,到1945年,中国人民抗战14年,战胜了敌人,也遭受了生命、财产的巨大损失。日本帝国主义在中国兴风作浪,汉奸走狗们推波助澜,助纣为虐,国人深感切肤之痛。经过这一场善恶之争,应痛定思痛。当年,抗日根据地制定、实行了惩奸、除奸、防奸之策,1938年5月8日,刘澜涛同志在《论目前晋察冀边区的抗日民族统一战线工作》的报告中就指出,边区政府"坚决执行了反对日本汉奸""剥夺一切汉奸、托派、亲日派的自由"等政策。1940年8月颁布的《中共中央北方分局关于晋察冀边区目前施政纲领》第17条规定:"对罪大恶极的大汉奸之土地财产……依法没收之……"1940年7月,《晋察冀边区抗日儿童团工作纲领》第3条规定:粉碎日寇、汉奸对儿童的奴化教育及顽固分子、投降派的反动教育。抗日边区政府对汉奸的态度立场坚定,打击了敌人,巩固了统一战线,助推了抗战。

历史证明,面对外来之敌,不坚决防奸、除奸,小则破坏抗战,大则就有可能带来亡国之痛。

---

❶ 北京市政协文史资料委员会:《日伪统治下的北京郊区》,北京出版社1995年版。

第二章 美化殖民战争 大造舆论宣传攻势

明明践踏了别人的花园还要给自己戴上美丽的光环。这里形容的是日本军国主义者说尽假话,用以美化对外侵略扩张的卑鄙动机和野心。为此,他们亟须使被侵略、被殖民化的国家和人民改变原有的思想意识,消磨掉反击侵略的精神意志,放弃抗日活动,顺服日本的战略图谋,并为之效力。揭穿日本军国主义无耻谎言背后隐藏的阴谋,时至今日,仍是各国人民应当坚守的立场和信念。

一、建设所谓"大东亚新秩序""大东亚共荣圈"

历史的脚步已经反复验证,日本的对外侵略战争总是伴随着腥风血雨,甚至连日本国内人民也经受了血和泪的苦痛。然而,自明治维新以来,日本一些文人墨客杜撰了极端荒谬的侵略有理论,振振有词地表示,日本对外用兵是为了帮助中国和亚洲其他国家从欧美列强压迫下重新获得"解放",实现"政治独立"。这种论调实在荒谬。

(一)玩弄辞令美化侵略

日本从产生对外侵略扩张的意图起,就和欧美列强、亚洲各国产生了多方利益相互交织在一起的紧张关系,直至爆发战争。

文化侵略

七七事变是日本全面侵华的开始,但是不久日本"速战速决"的计划便破产了,不得不调整战略。1938年11月3日,日本政府发表声明,其中有这样一段话:"帝国所期求者即建设确保东亚永久和平的新秩序。……帝国所希望于中国的,就是分担这种建设东亚新秩序的责任。帝国希望中国国民善于理解我国的真意,愿与帝国协作。"[1] 这段话是在日本被中国拖住后腿,限制了它同英美争夺亚洲地盘的局势下发表的。声明提出的"希望"就是中国参与建设"东亚新秩序"。所谓"东亚新秩序"就是日本独吞整个中国,赶走在中国的其他外国势力。

这里要说明一下,日本所谓的"解放战争史观",简单地说就是日本的对外侵略战争是"解放"欧美殖民地的战争。日本"脱亚入欧"后,达到了欧美先进国家的经济、军事水平,扩张野心也随之膨胀,要把整个亚洲全部收入自己的囊中,于是有一种诡辩论调说,日本是为把亚洲从欧美手中"解放"出来而战。他们说:"日本为了使有色人种从白种人的压迫中解放出来。"因此"帝国的大陆政策不仅是要求日本的发展,而且要救济和解放东洋被压迫民族"[2]。换句话说,日本进行大东亚战争的结果一定是亚洲各民族取得政治上的独立。如此说来,日本侵略中国是为了将中国从欧美的压迫下"解放"出来。如果这个目标实现了,就可以达

---

[1] 复旦大学历史系日本史组:《日本帝国主义对外侵略史料选编(1931~1945)》,上海人民出版社1975年版,第276页。

[2] 史桂芳:《"同文同种"的骗局——日伪东亚联盟运动的兴亡》,社会科学文献出版社2002年版,第68页。

第二章 美化殖民战争 大造舆论宣传攻势

到"共存共荣"。

近卫文麿第二次组阁时,有人提出了"大东亚共存共荣"的口号。❶ 1940年7月,日本内阁的"基本国策纲要"正式提出"皇国之国策乃基于八纮一宇之肇国伟大精神",建立以日本为中心的"大东亚共荣圈"。同年8月,日本外相松冈洋右首次使用这一词。

当时,中国处于被日本侵略的下风,已是套中之人,但日本还要中国给予"理解",这种强盗逻辑是日本侵略有理论的重要内容。鼓吹这种歪理邪说的,在日本不乏文人学者,上文已有所列举,其中就有大川周明的文著多种,在《大东亚秩序建设》中,他充满豪情地肯定了明治维新后日本的赫赫战功,包括中日甲午战争、日俄战争,以及相继占领朝鲜、中国台湾与东北三省等,认为这是对欧美进行反击的胜利,并为建设"大东亚新秩序"做了准备。同等重要的是,对外的节节胜利"给白人压迫下的诸国带来了勇气和希望,为在列强残暴的统治下挣扎的诸

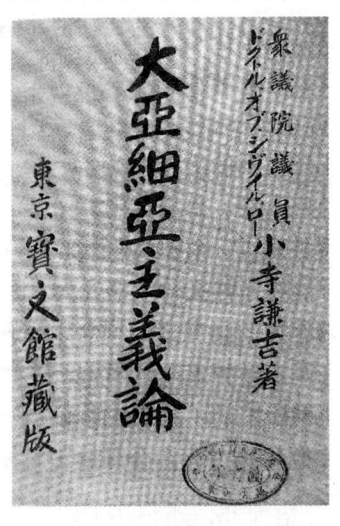

图2-1 《大亚细亚主义论》书影

---

❶ 世界历史词典编委会:《世界历史词典》,上海辞书出版社1985年版,第25页。

民族注入了理想和活力"。❶ 这一表述,既美化了日本对外侵略的本质,又把亚洲诸国和日本建立"共荣圈"勾连在一起,为日本不断扩张自圆其说。

侵略与被侵略、殖民与被殖民的历史证明,由欧美统治亚洲,改由日本来统治,其实只是殖民统治的不同版本而已,对于弱小国家来说是一样的,都是被欺辱、被压榨、任人宰割的对象。简而言之,所谓"新秩序"就是换一个新主人,所谓"共存共荣",就是主仆共存、一国繁荣他国贫穷,一言以蔽之,即美化日本独霸亚洲的野心。

(二)伪华北政务委员会、"新民会"的竭力鼓吹

伪华北政务委员会和"新民会"秉承日本主子的"指导",竭力向中国各界大张旗鼓地宣传"新秩序""共存共荣",借以欺骗各阶层人士和广大人民群众。举例来看,"新民会"会长王揖唐在1940年12月9日"新民会全体联合协会"上说:"现在各国为图确保广大之共荣圈,树立新世界秩序,成为历史上一个划时代,而沉溺者犹与共产党狼狈为奸,同种相残,不顾世界的潮流,不惜民族的命运。在此时期,我们新民会领导华北广大民众与盟邦相提携,与中央之和平建国要呼应,冀达成东亚共荣圈一环之任务,俾沉溺者觉悟前非,速归和平建国,复兴大亚细亚之正道……"❷ 此讲话的中心意思是,号召华北广大人民在"新民会"领导下,"与中央之和平建国要呼应,冀达成东亚共荣圈",他表决

---

❶ 转引自王向远:《日本对中国的文化侵略》,昆仑出版社2005年版,第115页。

❷ 《新民会报》通卷第96号,1940年12月13日。

第二章 美化殖民战争 大造舆论宣传攻势

心:"余与代表诸君当共同感觉此种意义的伟大、责任之重要,敢不勇猛精进,期待最大之效果。"王揖唐赶走王克敏,担任伪华北政务委员会委员长,在就职演说时又说:"大东亚战争,为我东亚民族之解放战争,非特有关中日两国之前途,亦且系乎全东亚民族之复兴,故我中日两国,允宜本同生共死之大义,协力破敌,以争取大东亚战争之最后胜利,而奠定东亚永久和平之基石。"❶ 这次讲话,王揖唐更进一步阐明了大东亚战争就是"解放"东亚的战争,换句话来说也就是日本"解放"中国和全东亚人民的战争。所谓"中日两国"必须"协力破敌",争取"最后胜利",就是日本独占大东亚地区。

再从"新民会"纲领的变化上看,1937年10月"新民会"初建之际,当时标榜为"促进友邦缔盟之实现,以贡献人类之和平",这种提法显得空泛。1940年3月,"新民会"制定新大纲,其中涉及外交的第4条规定:"善邻缔盟,建设东亚新秩序。"当时的"新民会"会长王揖唐解释说:"中日两国,在历史上、地理上、种族上既有密切的关联,而在政治、经济、文化上尤有依存关系,所以中日应本平等互惠的原则,以求实现共存共荣的理想。……而于同文同种的日本,更愿作亲爱精诚的团结,共谋政治、经济、文化的调融与发展。如此中日真诚协力,共同分担建设东亚新秩序的任务,东亚的自主与兴隆自可早日实现。"❷ 王揖唐的诠

---

❶ 《实报》1943年7月6日。
❷ 章伯锋、庄建平:《抗日战争》(第6卷),四川大学出版社1997年版,第407页。

· 57 ·

文化侵略

释突出中日有原生的亲密关系,既然同文同种就可以"真诚协力"于建设"东亚新秩序",早日实现"共存共荣"的理想。到1942年,"新民会"将纲领作了进一步的修正,纲领共5条,其中的第4条是"团结东亚民族",第5条是"建设世界新秩序"。这两条涉及对外关系,"新民会"阐明说:"团结东亚民族——在大东亚战争期间,所有东亚各民族必须精诚团结,以争取最后胜利。并且现今世界上,凡是历史、地理、种族、文化相近的民族,互相结合而成为集团国家,正是必然的趋势,能够顺应这潮流的才能和这个世界竞争,在这个世界共存。东亚方面必须由中日两国彻底互相提携,精诚团结,更进而为团结整个东亚民族,才是救国救东亚的唯一途径,东亚共荣圈的确立,也正有待于东亚民族的团结。"关于"建设世界新秩序"——此条为纲领最后一条,也正是"新民会"最伟大最深远的目标。因为一国的问题随全东亚问题而解决,全东亚问题更必须视世界问题而解决。所以"新世界"观的确立,实在可以说是最重要的事。我们必须本着"天下为公、八纮一宇"的精神,在东方形成中日枢轴,用以和德意轴心国相呼应,建立"世界新秩序",以贡献全人类的和平。❶ 这一新说明,把建设"东亚新秩序"延伸到与世界的关系上,强调以"天下为公、八纮一宇"的精神,由中日共同来完成这个关乎世界和平的宏大任务。人们会惊奇地看到,日本的侵略有理论已经有了中国版。然而重大的不同在于,中日间有没有平等的合作?中国

---

❶ 北京市档案馆:《日伪北京新民会》,光明日报出版社1989年版,第382页。

第二章 美化殖民战争 大造舆论宣传攻势

"天真"的汉奸走狗们还蒙在鼓里,或者说甘心献媚做帮凶。不管怎么说,就日本而言,在中国美化侵略的"理论"已经得到进一步扩大而深入的宣传。

(三)正义力量的揭露批判

对大东亚战争的宣传在沦陷区是比较普遍的,形式也是多样的。例如在日伪的"治安强化运动"中,天津特别市举办了"大东亚相片展览大会"及"电影讲演大会",介绍"大东亚战争"实况。❶ 在山西省第五次"治安强化运动"中,把"大东亚战争"意义的宣传放在第一位。在雁门道,各县组织宣传队,分赴各区召开民众大会,演讲"大东亚战争"日本胜利情况,还举办座谈会、学生观摩会,散发多种宣传品。在冀宁道各县,据统计,有70%以上的民众了解"大东亚战争"的意义。❷ 山东省在第五次"治安强化运动"中,同样"将大东亚战争之意义及发展之现状,竭力宣传,以期唤醒一般民众,彻底明了过去依存英美思想之谬误",树立以"中日提携共存共荣"为中心的理念。❸

日伪对"大东亚新秩序"的宣传是日本对华思想战的重要内容,正义力量理应给予严厉回击,抗日根据地就作了深刻揭露和批判。晋察冀边区行政委员会在《关于反对敌伪第四次治安强化运动的指示》中就严厉地指出:"治安强化运动"的五项任务中"关于'担负应尽使命,协力大东亚战争':这更是一套鬼骗词,就是宣传大东亚战争的那一片狂

---

❶ 中国第二历史档案馆,档案号2005,2,460。
❷ 中国第二历史档案馆,档案号2005,2,462。
❸ 中国第二历史档案馆,档案号2005,2,249。

叫。其内容包含着强化宣传机构,印制材料,利用旧宣传形式。其诡词是:明明是自己杀人放火奸淫掳掠,却说是共产党八路军残暴野蛮;……明明是自己对人家亡国灭种,却说是为了防共,建立共荣圈;明明是把半殖民地租界变成殖民地,交给奴隶总管汉奸汪精卫代管,却说是替中国收回了租界;明明是奴役了太平洋诸弱小民族的战争,却说是大东亚的解放战争。还要大东亚民族协力,于是利用报纸、广播、电影、图书、传单、标语等一切科学宣教工具,组织宣传联盟、电影协会,进行对我中华民族及远东诸弱小民族的欺骗麻醉宣传"。该指示最后提出对策,即健全宣教机构、组织武装宣传队,解释我们的政策法令的正确性,揭破敌伪的欺骗宣传,配合太平洋反法西斯战,粉碎敌寇的和平攻势。❶这一指示用的是通俗的语言,以对比鲜明的手法层层剥掉敌人的画皮,深刻地将日本军国主义的真面目暴露在光天化日之下。

二、诱惑中国民众不辨敌我,认敌为友

建立一个什么样的社会、需要怎样的公民精神,是新统治者必须回答的问题。日本人的传声筒伪新民会在工作纲领中就宣扬"发扬新民精神,以表现王道"的观点,帮助日本套用中国传统文化的外壳,诱惑沦陷区人民模糊敌我界限,不辨敌我,跌进日本预先设伏的陷阱。

---

❶ 中央档案馆、中国第二历史档案馆、吉林省社会科学院:《华北治安强化运动》,中华书局1997年版,第424-425页。

第二章 美化殖民战争 大造舆论宣传攻势

（一）宣扬"新民精神"做日本的"新民"意欲何为
1. 宣扬"新民精神"

伪新民会会长王揖唐在1940年3月8日的一次广播电台演讲中对听众说：发掘"新民精神"，以表现"王道"。所谓"新民精神"，即是东方文化的传统精神，也就是《大学》所谓明明德、新民、止于至善的三纲领与格、致、诚、正、修、齐、治、平的八条目。这种传统的王道精神，与天地合其德，与日月并其明，所谓"致广大而尽精微，极高明而道中庸"，实足以俟之百世而不惑，放诸四海而皆准。现今中国逢此浩劫，社会阢陧，思想紊乱，一般民众恐易步歧途。所以"新民会"要发扬"新民精神"，表现"王道"，以期振聋发聩，纳民轨物，务使国民涤去旧染，咸与维新。实行"反共"，复兴文化，主张和平。"新民会"认为阻碍中国建设、破坏东方文化、引起这次中日的战祸者，就是国际共产势力。所以要想救国，必先和平；要想和平，必先"反共"。然而欲言"反共"，则非复兴东方文化不为功。因为共产党的学说与行为，处处为东方文化所不容；唯有发扬"新民精神"，复兴东方文化，树立伦常，维持纲纪，使社会基础巩固，共产党自然无所施其技。同时更以此训练青年，教育民众，以期排斥"邪说"，筑成"防共壁垒"，然后和平救国的大业始可逐渐完成。

王揖唐此番讲话分明是在美化吹捧日本而恶意中伤中国共产党，为"新民会"投日"反共"制造舆论并暗示国人不得支持抗日活动。为此，"新民会"不惜抬出中国圣人先贤孔子的经典作证辩解，这将使国人受骗而日本得意。但历史判定："新民会"必将为此失信于民，最终失道而散。

文化侵略

王揖唐讲话至此意犹未尽,最后竟说:"本会凤以奉行王道为职志,本协和万邦的精神,深愿泯除国际间狭隘的观念,首先建设东亚新秩序,以蕲求东亚的和平。而于同种同文的日本,更愿作亲爱精诚的团结,共谋政治、经济、文化的调融与发展。如此中日真诚协力,共同分担建设东亚新秩序的任务,东亚的自主与兴隆自可早日实现。"❶

这一段话总括起来的主要意思是:首先,"新民精神"的提法源自儒家经典《大学》,主要就是做"新民";其次,要救国、建国就必须"反共",防民众误入歧途;最后,要与同文同种的日本人合作,建设"大东亚新秩序",实现所谓"共存共荣"。

"新民会"会长对日本奴颜媚骨表忠心的话有助于我们认清伪新民会极力提出要"发扬新民精神"的主张是日、伪合谋所为。

"新民会"宣扬的"新民精神"正式出现在"新民会"的纲领中是在1940年3月,与日本"宣抚班"统合,为适应新情势,遂由五大纲领更改为四大纲领。此纲领如下:

(一)发扬新民精神,以表现王道;
(二)实行反共,复兴文化,主张和平;
(三)振兴产业,改善民生;
(四)善邻缔盟,建设东亚新秩序。

这一纲领公布之后,1941年12月,日本偷袭美国珍珠

---

❶ 章伯锋、庄建平:《抗日战争》(第6卷),四川大学出版社1997年版,第407页。

第二章 美化殖民战争 大造舆论宣传攻势

港,1942年6月,日美在中途岛决战,日本大败,太平洋战场出现转折点,此事非同小可。此后,为展开"新民会"运动的新阶段和阐明"新民会"为华北国民组织的指导体,故拟以1942年全体联合协议会为契机,将纲领作进一步的修正,以表示"新民会"运动的方向及"建国"的途径。又经"新民会中央委员会"的决定后修正案如下:

(一)发扬新民精神;

(二)实行和平反共;

(三)完成国民组织;

(四)团结东亚民族;

(五)建设世界新秩序。❶

"新民会"对新纲领作如下解释:"以上五条,第一、二、三条为对内纲领,第四、五条为对外纲领。又在对内纲领中,第一条为思想基础,第二条为行动指针,第三条为最高目的。综合前三条,为建设新中国;第四条,为建设新东亚;第五条,为建设新世界。"❷ 这个胡扯且忘乎所以的纲领令人望而生疑:一是,"新民会"所谓"新民"新在何

---

❶ 伪中华民国新民会中央总会:《中华民国三十一年度全体联合协会会议记录》,第46-47页。转引自章伯锋、庄建平:《抗日战争》(第6卷),四川大学出版社1997年版,第435页。

❷ 伪中华民国新民会中央总会:《中华民国三十一年度全体联合协会会议记录》,第46-47页。转引自章伯锋、庄建平:《抗日战争》(第6卷),四川大学出版社1997年版,第441-442页。

处?其思想基础与大敌当前人人有守土抗战之责有何关系?二是,日本军国主义外侵的胃口如此之大,源于其本国政治、经济、文化多方面的推动,与中国古典文化何干?中国人民能接受吗?简略地说,纲领文字不多,但充满了欺骗、美化和恶言中伤,暴露了日伪法西斯的疯狂性、顽固性。到底日伪将孔子的《大学》作了怎样的篡改,竟致原典原意遭亵渎到了如此荒谬绝伦的地步?

2. "新民精神"全面篡改了原典原意

儒家经典"四书"含《大学》《中庸》《论语》《孟子》,是古代先哲的人生观、伦理观、哲学观的总结。《大学》阐明的是读书人做学问的目的、宗旨和途径(在古代,幼年学的是小学,15岁起读太学,也叫大学),概括来说有"三纲领""八条目"。《大学》原文如下:"大学之道,在明明德,在亲(新)民,在止于至善。""古之欲明明德于天下者,先治其国;欲治其国者,先齐其家;欲齐其家者,先修其身;欲修其身者,先正其心;欲正其心者,先诚其意;欲诚其意者,先致其知。致知在格物。物格而后知至,知至而后意诚,意诚而后心正,心正而后身修,身修而后家齐,家齐而后国治,国治而后天下平。自天子以至于庶人,壹是皆以修身为本。"

文中的前四句是讲:入了大学之后的最高学问一是要明白中国固有的道德规范;二是读书要革故除旧做不同于前的新人;三是努力上进直至达到最完善的道德境界。这三条就是学习的指导原则。要达到"三纲"的目标,有八个条目作为方法,即格物(探求)、致知(知识)、诚意、正心、修

第二章 美化殖民战争 大造舆论宣传攻势

身、齐家、治国、平天下。八条的次序是递进过程的步骤。也就是说,知识在于探求,有了知识才能有诚意,而后心正,心正才能得以修身,而后才能齐家(齐整家庭),会齐家才能治国,而后平天下。

显然,中国人要发扬的传统道德精神内涵丰富且有高尚的价值,如"仁义礼智信""忠孝节义""文行忠信""诚实守信""己所不欲,勿施于人""富贵不能淫,贫贱不能移,威武不能屈""天下兴亡,匹夫有责",等等。这样的道德操守本是中国人家喻户晓、妇孺皆知的道理,早已带入中国人的血液之中,容不得不肖子孙玷污,特别是在国难当头的时候更不能加以歪曲、篡改。一句话,中国人要发扬的就是中国传统的高尚道德精神。然而,那些甘愿充当日本的走狗、卖国求荣的人,如"新民会"中的汉奸群体,他们对中国的传统道德精神作出了令人瞠目结舌,且又遭人恨之入骨的解释。

1940年3月"新民会"对"新民精神"作了如下解释:第一是王道精神,也就是"新民会"的传统道义精神,依据这种精神,反对西方的霸道主义与功利思想;第二是革新精神,也就是苟日新、又日新、日日新的创造精神,依据这种精神,针对旧秩序体制而主张建设新秩序的体制;第三是全体精神,就是个体的自由和集体的自由不足等,中国的安危和东亚的安危不足等,反对个人主义自由思想;第四是克己精神,就是本着"克己复礼,天下归仁"的意思,而主义由"自我"而"新人",由"自救"而"救国"。综合四点解释，可说已把我们应具有的理念包括无遗了。❶伪新民会的解释充分体现了日本军国主义的战略思想，具有极大的欺骗性，必须给予彻底的揭露。所谓"王道精神"就是让中国民众服服帖帖屈从于日本的"王"天下，日本一向将英美比作霸道，而把对中国的殖民统治美化为"王道政治""王道乐土"；所谓"革新精神"就是抛弃中国旧法规，转而接受日本武力控制下的"新秩序"；所谓"全体精神"就是反对"个人主义自由思想"，民众不得有独立思考和活动，全民一心认同日本法西斯专政制度；所谓"克己精神"就是克制自己的原有愿望，矫正个人的信念，统一于日本殖民主义思想意识上。以上四点归为一点，就是泯灭中国人民的爱国之魂，要放弃中华民族传统的独立意识，甘受他人宰割，做日本的顺民、奴隶。

日伪勾结捏造的这一"新民观"企图异化中国优秀的传统文化思想，把中国抗日民众引向掘好的亡国灭种的陷阱。他们的舆论宣传从性质上说是极其无耻反动、阴险毒辣的。从手法上说是拙劣愚蠢的，一方面，篡改中国古典经学是无知无聊的行为。中国儒学有两千多年的历史，其内涵已有确切的、符合中国国情的诠释，其精髓已融入中国人的血液，日本人不解其中精深奥义，任意篡改，无疑是徒劳的。另一方面，日本军国主义者在中国经典内塞进自己的私货，是无理无道的。中国古典文化思想随社会的发展，总会有时代内涵，但中国人无论何地何时都绝无可能把甘作他国顺民、奴

---

❶ 北京市档案馆：《日伪北京新民会》，光明日报出版社1989年版，第381页。

第二章 美化殖民战争 大造舆论宣传攻势

隶的屈辱当作一种"精神"来发扬。

日伪的"新民观"误导民众,将《大学》做新民的理念偷换成做日本的顺民,分辨不及也会有一些人受骗。"新民精神"宣传的对象,上至政府人员、"新民会"会员,下至学校学生、青年训练团成员和普通民众。比如,"国立北京艺术专科学校"就举办"新民精神"征文,北京市公立私立中等学校都必须参加论文比赛,作文题目中就有"何为新民精神"一题。"新民会"自然对会员要求更高,不仅要学,更应将"发扬新民精神",落实到行动上。❶ 相比之下,青年人缺乏经验容易受较大的影响。

"青年训练团"是由日伪从青年中挑选一批骨干组成的,"以陶冶身心,锻炼体魄,养成思想纯正之优秀青年为教育方针"。其举办以市、县为单位,由伪警察署具体负责,"新民会"协助,由日本军队监督。选拔对象是 15~25 岁的那些活跃、身心健康者。现以冀东唐山市青年训练所为例,其培训目标:"选拔本市青年以使其体得新民精神而充当唐山市新民运动先驱者"。培训有"公民科""教育科""劳动奉侍"三科,其中"公民科"的讲义内容就是"新民精神",占总课时的 60%。❷ 沦陷区的青训所显然都是为日伪培训后备力量而设的奴化教育的一种机制。据一位记者回忆,在河南"新民会"二次会议上得悉,"新民会青少年团"的组织和训练,使沦陷区的青少年思想中,都或多或少地沾染了甘

---

❶ 中国第二历史档案馆,档案号 2005,2,249。
❷ 南开大学历史系、唐山市档案馆:《冀东日伪政权》,档案出版社 1992 年版,第 266-267 页。

愿受奴役的毒化思想，在日军搜刮各种战略物资时，青少年团也为敌人出了力。因此，就全面来说，青少年团的活动是有利于日本侵略者而不利于抗日大业的。❶ 这段回忆表明，"新民精神"的宣传确有一定欺骗性。

（二）盗用中国传统"王道"观念，麻痹善良人民

1. 日本"王道"的真相及大肆宣扬的目的

"王道精神""王道社会""王道乐土"是经常挂在日本军国主义者嘴边的话，"新民会"也附会配合，逢会必讲。这又是一个骗局。

"王道"是中国古代儒家的一个道德理念，应用到政治哲学中就是指一国君主以仁义治理天下的政策。《孟子·公孙丑上》中孟子曰："以力假仁者霸……以德行仁者王……以力服人者，非心服也，力不赡也；以德服人者，中心悦而诚服也。"意思是说，凭靠武力，假托仁义之名去攻打他国，就称为霸道；凭着高尚的道德推行仁政的人可以实行王道，使天下归服，完成称王的大业。

行王道，是中国历代君主所追求的，是对善良的中国人民最有吸引力的国家政治形态。正是看中这一点，日本军国主义者假借行"王道"欺骗中国及亚洲各国人民，掩盖推行武装侵略、进行殖民统治的霸道。日伪把行"王道"的旗牌挂得高高的，从东亚一直到世界。1940年伪中华民国新民会河北省总会长吴赞周在一次会议训话时说："本会工作以王道精神为依据，而王道精神首贵和平，现在所谓'建设东亚

---

❶ 中国第二历史档案馆：《中华民国史档案资料汇编》第5辑第2编附录，江苏古籍出版社1991年版，第588-591页。

新秩序'者，要亦不过由保障东亚和平进而完成东亚和平而已，诚以王道精神为东方文化固有之良模，礼让风尚为东方道德固有之真谛，欧西各国崇拜物质奖励，争已成习尚。……日、德、意同盟竟于国际情势动荡之中克成，厥攻行见和平空气弥浸于全世界，而王道精神亦将充塞于宇内。"[1]讲这段话时轴心国德、意、日三国处于上风，野心极为张狂，以致作为轴心国之一的日本及其帮凶"新民会"的洋洋得意之情溢于言表。讲话认为，王道精神首贵和平，讲究"礼让"，是东方道德的"良模"，而欧美只崇拜物质，根本没有和平精神。而有东方道德的"轴心国"之胜利就是"王道精神"充塞"宇内"。吴赞周最后说："此次本人得与诸君共赝肩巨，惟望群策群力，共襄盛举，务向官民一体、政教合一之途，努力迈进，然后所谓新民精神与王道政治始克，次第实现，此为本人最期待者。"

通观讲话，日伪把"新民精神"与"王道政治"联系在一起；把"王道精神"与轴心国的胜利联系在一起，这分明是在玩欺骗游戏：日伪"新民精神"的要义在于让中国人做日本的"新民"，却美化成是"王道政治"的体现；把轴心国任意蔓延战火、毫无人性如野兽般行为的一时得势，美化成预示"王道精神"将在"宇内"胜利。这种言论充满了美化侵略、欺骗舆论、麻痹人民的狡猾阴险的侵略性。

日本的"王道精神"被"新民会"大肆炒作，在实际行政工作中也不遗余力地加以落实。

---

[1] "河北省第一次道办事处长会议总会长训词"，载《新民报》1940年10月19日。

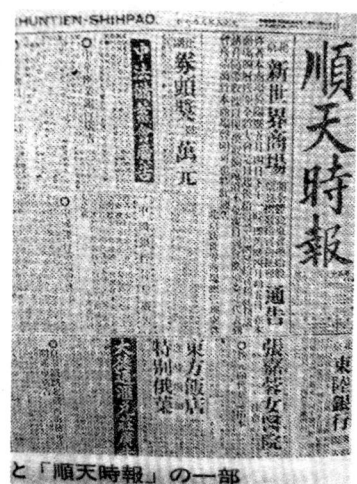

图2-2 日本创办的麻痹中国民众的汉文报纸

对"王道"的宣传,日伪力争深入善良人的内心,特别是对青少年,比如1940年7月26日,河北省唐山市在"新民青年团训练所"举行开学典礼,日伪官员出席,其中一项是宣诵"学员誓书",上写"余誓以至诚,信仰新民主义,实行王道天下,恪遵所中规则,及师长之领导,本灭私奉公之精神,实践知行合一之信条,不避艰苦,为民前驱,肃清共产,捍卫乡里,推行自治,安定民生,皇天后土,昭鉴在上,谨誓"。❶ 在日本人面前发誓效忠于"实行王道天下",骗取中国青年人对日本"王道"言论的盲从,把青年引入媚日、崇日的歧途。在一般学校也作类似的宣传活动,如"北京特别市"通知各校专门举行学生论文比赛,在20个题目中,就有"王道论"。❷

地方伪政府、"新民会"都对日本的"王道"津津乐道,在河北省山海关还建立了"王道乐土"界碑。

---

❶ 南开大学历史系、唐山市档案馆:《冀东日伪政权》,档案出版社1992年版,第273页。

❷ 北京市档案馆:《日伪北京新民会》,光明日报出版社1989年版,第118页。

2. "王道""皇道"一个本质两个版本

上文所述重在揭露日本军国主义美化"王道"是所谓"首贵和平"的东方道德的体现，扬言要以"王道"统治中国、东亚乃至覆盖世界。他们自己捏造了"王道精神""王道社会""王道政治""王道乐土"这些虚假的概念，其实是根本做不到的，不过是借此迷惑世人，好像日本势力所到之处都是一片乐土。

日本自诩是神之国，是亚洲最优秀的民族，而对中国人则称"支那"。1938年2月6日中国《新华日报》刊登《日本侵略者为什么称中国"支那"》一文，作者说："照日本话说就是'半死人'的意思。"据学者研究，日本学界也丑化中国人，他们觉得中国人保守、顽固、愚昧、野蛮、肮脏、贪婪、好色、奢侈、懒惰、虚伪、残忍、变态、不团结、排外、非理性、歇斯底里、妄自尊大、盲目乐观、自暴自弃、无国家观念等，不一而足。如此充斥歧视、侮辱内容的著作如《"支那"民族性的解剖》《"支那"的民族性》《这就是"支那"——对"支那"民族性的科学的解析》《"支那"国民性与经济精神》等，这些所谓"研究著作"出现在20世纪30~40年代。❶ 此时正是日本侵略中国之际，那些丑陋的弱点是人类的弱点，也包括日本大和民族在内，而竟如此集中到中国人身上，很容易使人联想到德国纳粹鼓吹日耳曼人是优等民族，就该羞辱、屠杀犹太人，并以此为借口发动了第二次世界大战。在日本军国主义者看来，日本

---

❶ 王向远：《日本对中国的文化侵略》，昆仑出版社2005年版，第154页、第157页。

可以像驱使奴隶一样驱使中国人。

日本的"王道"在中国是什么样子？1932年初，日本已经完全控制了中国东北三省，宣布成立伪满洲国，一个日本帝国主义的傀儡政权，从此开始了长达近14年的殖民统治。他们推行"治安肃正运动"，建立保甲组织，强制征兵，联保联坐，武力强行"归屯并户"政策，建立"集团部落"。在对东北抗日联军"清剿"的同时，对平民百姓也极为强暴，如1939年9月16日，日军在抚顺平顶山制造了大惨案，一次屠杀居民3000多人。14年间，类似这种屠杀事件发生过近百起，受害者达数百万人之众。在经济上，日本疯狂掠夺东北的资源财富，包括煤、生铁、铜、粮食，可以以万吨、百万吨、千万吨，甚至亿吨来计。推行移民是日本的又一殖民政策，截至1945年，大约30万日本移民落户中国东北，从中国农民手中掠夺了300万亩良田。在精神文化上，对中国青少年实行奴化教育，鼓吹"日满亲善""王道乐土"，不准使用"中华"两字，不准张挂全中国地图。中国东北地区在日本殖民统治下呈现如此被压迫、被奴役的状况，把日本的"王道"真面目暴露无遗。其实在关内沦陷区也存在同样的情况，如史料记载：日寇在河北沽源县到处修筑"人圈"，实施"集家并村"，制造无人区。圈内的群众没有丝毫的人身自由，不少人吃的是树皮、糠菜，穿的是蓑衣、纸衣，疾病流行，不少户死绝。❶至于日军制造的恐怖惨案更是史不绝书。

---

❶《晋察冀抗日根据地》史料丛书编审委员会：《晋察冀抗日根据地》第三册《大事记》，中共党史资料出版社1991年版，第162页。

日本对中国的统治不是惨无人道又是什么？看看日本对我国台湾地区的统治。台湾自1895年《马关条约》被割让给日本到1945年共50年，在日本的殖民统治下，台湾人民饱受经济上的掠夺、政治上的压迫、军事上的镇压和文化上的奴化教育。在"二战"期间，日本在台湾推行了实为殖民统治的"皇民化"运动。

图2-3　日本宣传"皇民化"的书刊

日本以树立"神之国"的思想意识，确立"天皇制"以为固国之本，依据大神"八纮一宇"的圣旨，日本必然妄想实现世界"皇民化"，台湾的"皇民化"运动就是"皇民化"的"典范"。50年间，日本除了搜刮台湾的资源，强制台湾人民劳动、应征入伍外，精神上的"皇民化"更为突出，比如家家户户供奉日本神祇，把中国的神主牌位全部撤掉；台湾人民无论老幼一律说日语，孩子在学校学日文教科书；灌输"皇民"思想无孔不入，报刊、文学戏曲社团都要围绕崇拜天皇、忠实大日本帝国开展活动,甚至连儿童歌谣都要表现"大和魂"精神。最让人难以接受的是改姓,使用日本式姓名。中国历来讲究家族的血统根脉,姓氏是族群代代相传的标志,断代是对祖宗的不恭。日本令台湾人民更名改姓对于台湾人民来说意味着亡族灭种危机的降临。这就是日本推行"皇民化"运动的反动本质。

随着中国抗日战争的发展,日本更变本加厉地推行"皇民化"政策,但台湾人民始终保持着昂扬的反日、反殖、反"皇民化"的思想斗志。这反映在文学艺术上,出现了一批抵制、抨击"皇民化"运动的优秀作品。如短篇小说《先生妈》就描写了具有民族气节的母亲"先生妈"与奴性十足的儿子之间发生尖锐冲突的故事。儿子年轻顶不住"皇民化"的诱惑,竟趋炎附势,投日本人所好,让母亲学说日本语、穿日本和服、吃日本饭菜、模仿日本人席地而坐。他自己也将姓名"钱新发"改成"金井新助",因有了日本味而感到得意。儿子被奴化了,母亲则坚决抵制,宁死不肯过日本式生活,平时高声讲中国话、睡中国床、吃烧饼油条,甚至把儿子送给自己的和服用菜刀剁烂。她对独生子说:"留着这样的东西,我死时恐怕有人给我穿上,我怎么去见我的祖宗。"临终前,母亲嘱咐儿子说:"我不晓得日本话,死了以后,不能用日本和尚。""先生妈"怀着对儿子的怨恨和凄婉之情死去了。❶ 小说通过两个形象的鲜明对比,表现了台湾人民对"皇民化"运动的揭露、抵制和谴责。当然也暴

---

❶ 中国抗日战争史学会、中国人民抗日战争纪念馆:《抗日战争时期的文化教育》,北京出版社1995年版,第449—450页。

露出一些人受了欺骗,误入歧途的事实。

实行"王道"是日本对殖民统治的美化。在台湾,日本将其殖民统治美化为"皇民化",但根本毫无王道可言,东北三省和台湾人民被欺辱的历史就是无可辩驳的事实。在华北沦陷区,日本推行奴化教育,青少年学生每日晨操必须对日朝拜天皇、唱日本国歌、学习日语等,这也是"皇民化"运动的体现,与台湾相比,只有殖民化程度的不同而没有本质的区别。

图2-4　台湾小学升太阳旗仪式

三、凶相毕露的"治安强化运动"和"新国民运动"

简而言之,日本对中国的文化侵略就是通过各种文化手段,制造舆情,对内实现中国殖民化,对外完成建立"大东亚新秩序"的梦想。但是,随着战势的发展变化,日本军国主义者所预期的胜利曙光越发黯然失色。怎样巩固占领区就成为日本当时最紧迫的一个问题。

（一）文武兼具的华北"治安强化运动"

《大众日报》1941年发表过一篇文章《怎样粉碎敌伪治安强化运动》，作者就"治安强化运动"的由来问题论述道："由于我国上下坚持神圣的抗战四年多，更由于中国共产党领导着八路军、新四军以及华北、华中的人民坚持着敌后的抗战，并在敌后各个地区创建了若干或大或小的抗日根据地，确实使日寇无法巩固与确保其占领区。不管日寇如何利用汉奸组织力量帮助其统治全华北与华中敌后的人民，结果广大的中国人民日益在不愿意做牛马的民族精神指导下，如湖水般涌入八路军与新四军，人民武装亦普遍建立抗日游击队，并不断广泛开展。我占区日益扩大，敌占区相对地缩小。因之，当抗战第五年来临的前后，敌寇便一而再地进行治安强化运动。敌寇企图通过这一运动，来达到其确保占领区的目的。"❶

日本发动对华北的"治安强化运动"的原因如上述。从1941年3月至1942年12月前后共进行五次，每期两三个月的时间，届时，日伪军齐出动，杀气腾腾，老百姓凶多吉少。这其中也有一个特点，即在日伪军掠夺人财物、制造惨案的同时，并行发动思想战，利用多种宣传形式如讲演、图片、宣传画、广播、演剧、标语、漫画、小册子等，五花八门，有条件的地方还放映影片。从内容上看，主要集中在恶意中伤中国共产党，宣扬"剿共、灭共"；炫耀日本在前线

---

❶ 《大众日报》1941年8月19日。

第二章 美化殖民战争 大造舆论宣传攻势

的赫赫战果；歪曲利用中国的旧思想风俗，虚情假意安抚中国百姓，特别注重诱惑中国知识分子，麻痹其思想，诱导其尽早降日。一切活动的目的就是泯灭中国人的民族意识，放弃抗日，做到"中日亲善"，为日本的"大东亚战争"效力，这显然是地地道道的奴化思想教育。

以1942年8月1日至12月10日的第五次"治安强化运动"为例看运动的目的及实施情况。伪华北政务委员会发表实施纲要，首讲运动方针："第五次治安强化运动，系继续前四次运动之精神，而谋扩大其成果。同时，于武力推行运动之中，加以文化充分辅助，以期工作之目标及实施之内容得与民众之生活相吻合，而促成其自主之活动，实现上下通力合作，中日军政会民总力体制之国民运动，使治安强化工作得有飞跃之发展。"❶ 方针中强调武力和文化相结合，就是武力镇压与思想战相结合，软硬兼施。纲要在文化部分强调"将大东亚战争之意义及其发展之现状竭力宣传""将共产党之残暴行为，活动之现状，以及其策略阴谋广为宣传……诱发民众自动积极剿共之信念"。❷ 这无疑是日本奴化教育的重要内容。中国人民如果真被"诱发剿共信念"就等于放弃民族意识，中国的抗战前途将变得黑暗而不可言状。日伪发起对华北的"治安强化运动"用心十分险恶。

依据伪华北政务委员会的纲要精神，各省伪政府都制定

---

❶ 中央档案馆、中国第二历史档案馆、吉林省社会科学院：《华北治安强化运动》，中华书局1997年版，第615页。

❷ 中央档案馆、中国第二历史档案馆、吉林省社会科学院：《华北治安强化运动》，中华书局1997年版，第617页。

文化侵略

了实施办法,河北省伪政府确定扩大宣传"大东亚战争"意义,使民众认识到建设新华北的良机已到,务衷心协助;普及日语,学校学生、各机关职员无例外,各道、市都要举办"中日学生文艺观摩会"及演讲,以沟通中日文化;要宣传共产党残暴,强化"剿共"工作,要联络民会结成青年同盟,促进宗教团体之积极参加;举办民众"护乡爱家会",借以诱导其产生自动"反共"思想。❶ 河南省伪政府的实施纲要中提出要增编"防共"课本,阐述内容有:"中国从来为家族制,不适用共产主义之无家族制""中国崇尚旧道德,不容打破廉耻主义之存在""中国为农业国,根本不适合于共产制度""共产党已至没落时期之原因的分析""宣传共产党对中国实行共产之谬误及过去之罪恶""提倡发扬护乡、爱家、敬老、扶幼、节孝等中国固有之美德"。课本未出版前,要编成通俗小册子,由机关团体轮流讲演,深入农村,各"村镇痛切劝谕"。❷ 在山西省,伪政府围绕"建设华北完成大东亚战争"提出一串口号,如"东亚乃东亚之东亚""英美是东亚建设之障碍""东亚民族团结起来,把英美侵略势力排除东亚,粉碎英美侵略战线,建设东亚共荣圈""实行中日同甘共苦,以击灭英美""开发华北资源,建设华北物资基地以击灭英美""中国人民奋起参战,争取大东

---

❶ 中央档案馆、中国第二历史档案馆、吉林省社会科学院:《华北治安强化运动》,中华书局1997年版,第657页。

❷ 中央档案馆、中国第二历史档案馆、吉林省社会科学院:《华北治安强化运动》,中华书局1997年版,第815页。

第二章　美化殖民战争　大造舆论宣传攻势

亚战争最后胜利",等等。❶ 在山东省,伪政府从运动开始就制定出宣传效果之目标:官吏、学生、机关职员,自觉实践力要达到90%,"新民会"职员实践力达到100%,青少年达到100%,一般民众达到30%~50%。❷ 到底各地运动效果怎么样,不是日伪主观能决定的。

以上,无论是纲要、方针也好,实施办法也好,最高的目标还是"剿共、灭共",完成"大东亚战争"。这两者关系密切,且有先有后,实现"剿共、灭共"在先,而后中国殖民地化,最终由日本独霸东亚。其实人们最关心的还是第五次"治安强化运动"效果如何。对于这个问题,虽缺乏精准的调研报告可查,但从当时报纸上发表的文章也可看出端倪。

1942年10月6日《晋察冀日报》登载的《敌寇所谓第五次治安强化运动之剖析》一文指出:"太平洋战争爆发后,在敌军、伪军中间,存在普遍的不安、动摇和恐惧。在敌占区广大人民中间,滋长着无限的胜利信心和期望。……现在敌寇处在新的冒险的前夜,企图在思想上精神上转移广大人民仇日心理,用'大东亚主义'来麻痹中国人民的民族觉醒……敌寇绝望地指令汉奸政府和新民会极力宣传以期唤醒一般民众对于时事之谬误思想。但是,在第五次治安强化运动中,敌寇的一切欺骗宣传,将会同以前屡次的'思想战'一样徒劳无功。"

---

❶ 中央档案馆、中国第二历史档案馆、吉林省社会科学院:《华北治安强化运动》,中华书局1997年版,第776页。

❷ 中央档案馆、中国第二历史档案馆、吉林省社会科学院:《华北治安强化运动》,中华书局1997年版,第758页。

文化侵略

1942年11月23日《解放日报》登载的《敌寇第五次治安强化运动》一文指出："'剿灭盘踞华北的共产党是敌人无日或忘的梦想。……大家知道,过去每次治安强化运动'中,敌人的25万残兵,每次都扮演了主角,可是'成绩'实在微弱。"

1942年12月24日,聂荣臻在《解放日报》发表《论敌寇"五次治强"的失败》一文,他说:"日本法西斯军阀在华实行的'五次治安强化运动',从10月8日开始到现在止,算是满期了。这一次'治安强化运动'中敌寇汉奸用了最大的力量,尽其残暴的能事,但其结果却比过去几次失败得更要悲惨……这正是预示着日本法西斯强盗的死期将近了。"

1942年1月,世界反法西斯统一战线正式形成;同年6月,美日中途岛大战,日本海军一败涂地,军心动摇,前途不再,从而陷入泥沼而不能自拔。事实证明,日寇妄图搞几次"治安强化运动"来扭转华北的颓势已不可能,他们的算盘再次落空。

(二)"新国民运动"的真相

自日本扶植的"新民会"成立之日起,"新国民运动"也随之启动。根据"新民会"的纲领,对内以发扬"新民精神"为理念基础,以"实行和平反共"为行动指针,以"完成国民组织"为"建国"路线;对外以"团结东亚民族完成建设世界新秩序"为最终理想。"新民会"的具体做法是把"剿共"作为建设所谓"新中国"、完成"大东亚战争"的先决条件,将工作重点放在乡村建设,因为中国共产

第二章 美化殖民战争 大造舆论宣传攻势

党的根本在乡村的民众之中,故而在乡村肃清民众的思想,分离乡民与共产党的关系至为重要。日伪基于这种反动的意识,面对在华举步为艰的困境,"新国民运动"走上了罪恶凶残之路。

1943年秋,日本侵略军谋划在华北地区发动"新国民运动",确定以河北省的高阳县、任丘县为"突击示范区",为完成大东亚"圣战"做准备。计划从1943年8月25日起到1944年3月止,用7个月时间完成。

1. "新国民运动"在高阳

日本华北方面军司令部派山崎、横尾(山崎的助手和翻译,日本人)带领示范队员7人,于1943年8月下旬来到河北省高阳县。他们把"反共六条誓约词"印发给各村,要人人熟背执行,在各地召开"反共誓约会",强力推行"新国民运动"。"反共六条誓约词",即:(1)"皇军"及"中国军警"到达目的村落时,村民绝不逃避;(2)对于"皇军"及"中国军警"绝无虚伪之陈述;(3)今后绝对拒绝八路军军政机关所要求之一切,及破坏行为决不执行;(4)绝对迅速供给所得的确实情报;(5)严守回心条例及布告等,决不违犯;(6)以上各条苟有违犯之时,任何处罚情愿甘受其苦。1943年10月14日,日军下令要各村18~45岁的男青壮年于次日进城开会,并威胁说:不到者"皇军"到村点名杀头。群众进城的第二天,日军在高阳城内城隍庙大院搭台设立会场,举行"反共誓约大会"。会场阴森可怕,四周房上架着机关枪,台上摆着十几口铡刀。山崎、横尾讲话说:"你们通通的是八路俘虏,来了就别想走了,要想走就让八路军来接你们!"接着又恐吓说:"八路要动武,就全杀

· 81 ·

了你们!"然后就逐村指人到台上逼问:"都干过什么抗日活动?""武器、文件藏在什么地方?"被指的人都被暴打一顿。有100多人挨了毒打,20多人被打得不能动弹。到点灯时分,每村放出2人(包括被打的人),要他们回村送信要武器、文件。其余大部分人关进日军大队部和新生布庄两个大院,将这些人作为人质,向各村要武器、要文件、要村干部名单、要统一累进税册子、要粮食、要棉花,等等。群众被扣押的当夜,在新生布庄院内,日伪军将拥城村的2人、良村的3人捆在柱子上,追问枪和文件藏在什么地方。他们说不出,就被用粗绳子蘸水打,都被打得半死。群众见大祸临头,有些胆大的就冒死逃跑,有十几个人弄开大梢门的门槛,从南墙头低矮处逃出去了。有3个人被敌人发觉,没跑成,第二天早晨就被敌人用刺刀挑死了。

在高阳县境内,日军共分三片召开"反共誓约会":一片是由敌酋山崎、横尾带领伪县公署、"新民会"人员和一部分日伪军共30多人作为加强队,以旧城据点为中心;东南片以边渡口据点为中心;西片以县城为中心。"反共誓约会"对群众屠杀、残害最厉害的是山崎、横尾亲自指挥的旧城片,这一片共辖53个村,开过"反共誓约会"的有46个村。

1943年11月28日,日伪军分别到庞口、南坎苇、杨庄3个村召开"反共誓约会"。横尾强迫村民说出谁是干部,谁是党员。横尾一连拉出7个人,都说"不知道",结果这7个人都被活埋了。埋李文成时,横尾逼着他爹李湘江亲自埋。李湘江难以下手,横尾见他不埋,吼叫着说:"你不埋连你一块儿埋!"真是残忍至极!在南坎苇村,敌人让人们背"反共六条誓约词",把30多名背不过的男女青壮年脱光上身衣服，用凉水浇。接着，小队长山井就逼问谁是干部，工人建国会主任张玉出面应敌，山井说："我找的是武委会主任、游击组长！"张玉说："天大的事情我承当！"山井一刀砍下他的头，看看带血的刀，见崩了一块，说："好硬的骨头，还得试试！"随即又砍了张中元、举大柁。日军把背不过"反共六条誓约词"又不举手的群众，以不忠于"皇军"为由，一连活埋了7人。埋到王书年时，他奋力夺横尾的刀，横尾一刀削去他的左手，他单手还要夺刀，横尾掏出手枪把他打死了。敌人用尽极其残忍的手段，但是没有一个村民向敌人示弱求饶。

1943年秋冬，日寇在高阳县搞"新国民运动"突击示范，使这个县遭受了重大损失。全县162个村，有152个村的7400名群众住过骇人听闻的大饿狱；114个村开过"反共誓约会"；遭受各种非刑毒打的近1万人次；被枪挑、刀砍、冻饿（包括回家死亡）、活埋等各种手段杀害的干部、群众223人；各种经济损失折款1.17亿元，按当时物价每斤小米0.2元计算，共折合小米5.85亿斤。这是高阳人民心中永远抹不掉的日本帝国主义欠下的一笔血债！❶

2. "新国民运动"在任丘

1943年10月18日，山崎在任丘县城召开"反共誓约大会"。事前，日伪军谎称要发"良民证"，欺骗群众进城；同时由各岗楼据点的日伪军威胁群众说："哪村不去，就是

---

❶ 高阳县党史资料征集办公室供稿，《河北文史资料》第15辑。转引自章伯锋、庄建平：《抗日战争》（第6卷），四川大学出版社1997年版，第458－461页。

文化侵略

八路村,房子烧光,百姓杀光!"当时,中共任丘县委、县政府给各区委、区政府及各小队下达紧急指示,劝阻农民不要上当受骗。经过宣传动员,大部分农民识破了敌人的阴谋,有的只报了数但没有出村,有的中途溜走。结果,日伪军要4万多人到会,实际只有1.5万多人被强迫、诱骗到了县城。

  会场设在城东南角的广场上(当时是飞机场),东面和南面是城墙,会场四周架着机枪。日军、伪军警察、宪兵队等把参会的群众包围起来。会场四周挖了几排埋人坑。群众走进会场刚刚坐下,伪警察长便大声喊:"机枪扫射,不许抬头!"顿时机枪吼叫。机枪声停止后,汉奸司令站在台上宣布"三不准":见了"皇军"不准逃跑;"皇军"问话不准说不知道;"皇军"要东西不准不给。接着,山崎训话,宣布十项"枪毙":交头接耳枪毙;说话枪毙;流动枪毙;解手枪毙;吃东西枪毙;吸烟枪毙;咳嗽枪毙;吐痰枪毙;抬头枪毙;逃跑枪毙。整个会场笼罩着一片恐怖气氛。山崎大声逼问:"谁是共产党、八路军?谁给八路军藏东西?谁和共产党、八路军通气?不说的砍头、活埋!"到会的老百姓全都沉默着。山崎见无人作声,急得来回走动,命令伪军拉人到台前拷打、逼问。麻家务村王虎被拉到台前,他严正回答:"六条不会,八路军不知道!"敌人把王虎推到坑里活埋,埋后又刨出来,再次拷问。王虎依然顽强地回答:"不知道!"敌人把王虎打得皮开肉绽,扔到一边。接着又拷打了十几个人,没有得到一点东西。从上午十一点开始,到下午两点钟,用机枪扫射、拷打、活埋等残忍手段,强迫人们说出谁是共产党、八路军,要人们交出枪支、文件,但都没

第二章 美化殖民战争 大造舆论宣传攻势

有达到目的。敌人在任丘县城开"反共誓约大会"共11天，群众被枪杀、挑死6人，因遭殴打、饥饿而死200多人，致残300多人。11月9日，日军到任丘县东良淀村检查"反共誓约"情况，把全村男女老少赶到马家大院，逼迫人们背"反共誓约六条"。敌人把农民董增拉出来，董增没背过，便被推进坑里活埋了。接着又拉出4个人，4人因同声回答"不会"也被活埋了。随后又拽出2人，问谁是共产党和八路军干部，他俩怒不作声，鬼子举刀砍下人头，示众说："再不说开枪扫射！"这时，共产党员、村武委会主任孟家之从人群里站出来，一步步走到敌人面前，义正词严地说："中国人民不当亡国奴，我是八路军干部，杀吧！"鬼子挥刀把孟家之的头砍下。敌人在东良淀村杀害了8人，打伤了十几人。

日军在任丘县两个月的"反共誓约"大检查，所到之处，村庄被毁，硝烟弥漫，血迹斑斑，被活埋、砍头、刀挑的老百姓280余人，打伤致残的不计其数，烧房、拆房2500余间。❶

"新国民运动"如此残酷血腥，十分恐怖，令人发指。而那些誓死不屈的抗日英雄们的事迹可歌可泣。在"新国民运动"中，面对死亡的威胁，哪里有日本人期望的"新民"的影子？我们看到的是具有中华民族优秀思想品质的广大抗日群众"贫贱不能移、富贵不能淫、威武不能屈"的伟大精

---

❶ 沧州地委党史资料征集办公室供稿：《"新国民运动"对任丘人民的残害》（苏尚义整理）。转引自章伯锋、庄建平：《抗日战争》（第6卷），四川大学出版社1997年版，第462－464页。

神得到发扬光大。日伪推行的"新国民运动"并没有达到原有的可耻目的,反而将血迹斑斑的罪行留刻在历史的耻辱柱上。

(三)日伪不能得逞的"反共、剿共"

日伪把"治安强化运动""新国民运动"的矛头都集中指向了中国共产党。孰不知,日伪动作频频,却难得其效,等到实现"灭共"的那天已变成梦幻。

图2-5 抗日标语

晋察冀革命根据地司令员聂荣臻同志说:敌人为了企图欺骗蒙蔽人们的耳目,掩盖它那灭亡中国、屠杀中国人民的罪恶行为,搜索枯肠,只想出一个中心口号,就是"反共"。在这五次"治安强化运动"中,敌人天天叫喊的仍然是"剿共",可是谁不知道中国共产党干的是什么事?中国共产党今天做的一切事情,说起来只有两句话:对外要坚持抗战,一定要打走日本强盗;对内坚持各党派各阶层的抗日民族统一战线。这种主张和行动,凡是中国人,人人都看得见,人人都赞成。中国共产党在抗战后要做的事情,就是要建设一个独立自由幸福的民主的和平的繁荣的新中国,这种建设战后新中国的主张与行动

第二章　美化殖民战争　大造舆论宣传攻势

方针，请问又有哪一个中国人不赞成？毫无疑问，只要是真正的中国人，谁都不会反对共产党。汪精卫、王揖唐、殷同、林文龙、陈宰平之流，天天广播"反共"滥调，那是当然的，因为他们根本就不算是中国人了！那些死心塌地的汉奸完全是日寇的爪牙，他们只是日寇的留声机，做日本法西斯的可怜的应声虫罢了。而日本法西斯当然是要"反共"的，因为它是共产党所要消灭的对象，同时也是全中国人民一致反对的民族死敌。因此，越是日寇高喊"反共"，中国人民就越加爱护共产党，因为中国共产党是日本法西斯最害怕的敌人。全华北和全中国人民热爱共产党，这就说明日本法西斯的"反共"是完全失败了。❶

聂荣臻同志的讲话，淋漓尽致地揭露了敌人的谎言，精辟地阐明了中国共产党的伟大使命以及日本法西斯必败的下场，也表明了华北和全中国人民都热爱中国共产党的思想感情。

中国共产党的抗日主张和战斗意志已经得到中国人民的拥护，日本汉奸的"反共、剿共"邪说必被粉碎。《晋察冀日报》一篇文章写道：谁都知道"共党盘踞华北"咬住了日寇的心脏，比如我们晋察冀边区抗日根据地的巩固和发展，是一切抗日反法西斯人士所热切关怀和衷心拥护的。不管日寇和少数汉奸怎样污蔑这些人是"乡愚"，但他们抗日反法西斯的意志则愈战而愈坚强，他们都在斗争的烽火中体验了"中国有共产党，中国不会亡"的真理。而日寇和汉奸则要由消极"防共"进而为积极"剿共"运动，进而为积极"厚生"运动（厚着脸皮当亡国顺民），进而为精神"启

---

❶ 聂荣臻："暴行与惨败"，载《解放日报》1942年12月24日。

文化侵略

图2-6 抓捕汉奸

蒙"思想(在精神上灌输奴化思想)。这正是两个不同的对照,一个是民族解放的真理,另一个是灭亡我国家民族的荒谬言论和主张。真理只有一个,即共产党是中国人民的救星,中国人民誓死与共产党站在一起,把日寇汉奸的"剿共"邪说打得粉碎,争取中华民族的彻底解放。❶

文章客观地反映了中国人民对粉碎日本的阴谋、取得抗日战争胜利的坚定信心。

日伪屡屡叫嚣"剿共""灭共",并付诸战争行动,为什么如此疯狂却不能得逞呢?事实说明:中国共产党及其领导的军队既能击败武装到牙齿的敌寇,也能有力地戳穿套上假面具的恶魔,靠的是什么?靠的是以中国共产党为中流砥柱的抗日民族统一战线;靠的是坚实而深厚的群众基础;靠的是马克思主义、毛泽东思想理论武器给予的智慧和伟大精神力量。这一切给日伪以巨大的震慑,使其无法提振士气,以致屡战屡败。敌寇软硬兼施的战法不能奏效,预示着胜利果实是属于以中国共产党为核心的中国四万万同胞的!

---

❶ "粉碎日寇'剿灭共匪肃正思想'的狂妄企图",载《晋察冀日报》1942年10月22日。

第三章　图谋泯灭中华民族之魂的恶毒手段

日本对中国进行武装侵略也好，文化侵略也罢，本质是一样的，为的是长期统治中国，奴役中国人民。以普及日语为中心的奴化教育对于有着悠久历史文化、人口众多、地域辽阔的中国来说谈何容易，胜算有几分？"蚍蜉撼大树"，几乎是一个幻想。然而，武力疯狂扩张的日本军国主义者也疯狂地在华北沦陷区推行奴化教育政策，对中国人民，特别对青少年的成长有威胁、对身心健康有危害，像病毒一样传播毒害人的机体。历史证明，哪里有压迫，哪里就有反抗，奴化教育与反奴化教育的斗争也同时针锋相对地展开，这场斗争是日中之间殖民与反殖民生死之战的重要组成部分。

一、普及日语为中心的奴化教育

早在七七事变之前，日本就在我国台湾地区、东北三省强行普及日语教育，其根本目的就是"皇民化"中国人。所谓"皇民化"就是日本化，让中国人学说日本话、写日文，有和日本人一样的观念信仰，日本天皇就是中国人的天皇，一生甘心替日本人的所谓大东亚"圣战"卖命效劳。

❦ 文化侵略 ❦

（一）为泯灭民族意识"亟待"普及日语

七七事变以后，日本军队在中国关内广大地区肆意杀人放火，罪恶滔天，激起了中国人民强烈的反日情绪和顽强的抗日活动。怎样扭转这种局势？单靠武力能不能征服中国，特别是中国的民心？对于这个问题，其实日本军国主义者已有所谓的"理论"，如日本"兴亚院文化部"起草的《（秘）日本语普及方案》中就有这样的说法："兴亚工作的根本，就在于以皇道精神为内核的生命归一的教育……其武器就是日本语。"❶ 这一段话对普及日语的真相说得再明白不过了。

语言、文字本是人们用来交际的系统符号。历史上，不同的个人、不同的势力群体使用语言的根本目的是有好坏、善恶之分的。在"二战"期间，日本军国主义者就把语言作为对外侵略扩张的工具，这在日本侵略中国台湾、东北三省中已经暴露无遗，它确实在一定意义、一定程度上达到了他们进行殖民统治的目的。当日本侵略军杀进关内以后，又把普及日语当作一大法宝，期望通过对中国人，特别是青少年、知识分子的日语普及改变中国民众对日本的认识，进而亲近日本人，泯灭本民族意识，做日本的顺民、奴隶，加速战争的进程，这不仅对眼前战势发展有利，而且有助于将来对中国进行长期的殖民统治。

1939年5月7日，在日本一次关于中国"中小学日语教师任用规则的照会"中，日本陆军少将兼维新政府最高顾问原田熊吉说："鉴于建设东亚新秩序，两国国民均属东亚协

---

❶ 转引自王向远：《日本对中国的文化侵略》，昆仑出版社2005年版，第326页。

第三章 图谋泯灭中华民族之魂的恶毒手段

同体之构成分子,为促进强化双方之协同团结起见,对彼此国语互相通晓至关重要,所有中、小学校亟须应课以日语教育。"这里用了"亟须"一词,足见日本对普及日语有着不容迟延的急迫感,日语教育的目的也说得很明确,即为"建设东亚新秩序"。至于如何聘任教师,则按规则办理。他所指的规则即小学日语教师以任用中国人为原则;中学及其同等以上学校的日语教师以中日两国人一体任用为原则。❶

然而,规定是规定了,但不管是中国籍还是日本籍的教师,配备足够的日语教师都不现实。远水不解近渴,在中国培养日语教师就成为当务之急。当时,华北沦陷区各地伪政府教育部门相继为普及日语发文,下达实施方案,如伪北平特别市公署教育局在1937年七七事变后不久,在太庙举行教育大会,提出新的教学任务:为学校日语之普及,中小学不谙日语之教员,每周月水曜日均学习日语1小时;市立各日语学校教员均由各校教官兼任。❷ 也就是说,普通本市中、小学教师只能靠临阵磨枪的办法提高日语水平(专门日语学校自然不存在这种情况)。为了尽快解决日语师资不足的问题,日伪当局还提出一种称为"养成所"的培训机构,令各地执行。以伪华北冀东公署为例,1937年12月,伪政府发布了"筹设冀东日语教员养成所案",先由教育部门向伪政

---

❶ 中国第二历史档案馆:《中华民国史档案资料汇编》第5辑第2编附录(上),江苏古籍出版社1991年版,第592-593页。

❷ 原件存中国第二历史档案馆,档案号2005,2,462,2。所谓"月水曜日"即每周一、周三,这是从西方摩尼教传到中土,后再传到日本对一周各日的称谓法。

文化侵略

府打报告,然后才有这件复批方案。文件开头是这样写的:"冀东政府亲邻本旨,并应时势之需要,对于全区各小学学生,亦拟加授日语,以谋普及……兹拟在唐山设立日语教员养成所一处,专资造就此项师资……"该案还附带了《冀东日语教员养成所简章》(以下简称《简章》)一份。

冀东日语教员养成所简章

一、名称:定名为冀东日语教员养成所。

二、地址:设置在唐山。

三、宗旨:本所为养成日语教员必具之智识及技术,以期实施冀东全区小学日语教育为目的。

四、班级名额:本所现设三班,每班以三十四名为限,由各县考选数名入所学习(各县人数分配另定之)。

五、修业年限:修业年限定为一年。

六、入学资格:以高级中学及师范学校毕业者为合格,但简易师范毕业成绩优良者,亦准报告应试。

七、年龄:以二十岁至三十岁。

八、学员科目:教员须知、日本语、日本情事、日语教授法、实习日语教授、自由研究、体操。

九、待遇:凡在所学生,月给津贴六元。所有宿膳费、制服教科书等,概由本所供给。毕业后须在所指定学校充当日语教员,月薪三十元,但须有服务五年之义务。❶

---

❶ 南开大学历史系、唐山市档案馆:《冀东日伪政权》,档案出版社1992年版,第560页。

第三章 图谋泯灭中华民族之魂的恶毒手段

分析这份《简章》，可以看到：第一，社会急迫的需求和明确的办学目的，《简章》开篇已有说明；第二，对来学者条件要求严格，必须"高级中学及师范学校毕业者为合格"，入学时并需各县考选；第三，学习内容宽泛、科目齐全，除学日语外甚至还包括"日本情事"；第四，待遇好，以确保人员不流失。学习期月津贴6元，衣食公助，毕业后到指定学校就教。由此可看出当局极力组建、笼络日语师资队伍。

冀东日语教员养成所始建于1937年12月，次年1月开始招生，教职员10人，学生100名。所长下设教导主任、教官兼教员。学习分上、下两个学期，第一学期注重日语讲读兼习会话，《日语读本》由日籍教官负责教授，一概用日语讲解，由教导主任解释意义，使学生确能明了怎样应用；第二学期除讲授读本、会话外，增授教员须知、日本语教学法等科，把学生培养成"思想纯正、教法精良之教师"。

日本"兴亚院"文化局局长和大使馆书记官曾表述过如下意思：中国把日语列为中小学必修课，可看出"中日亲善程度与真诚之情势"。[1] 日本人把普及日语和中日亲善联系起来，像冀东这样的"养成所"，华北各地多有设立，为日语普及出了力、结了果，自然得到日本人的欢心。与此同时，在中国中等学校一般也都有日籍教师，分布渐广，以冀东道为例，见表3-1。

---

[1] 中国第二历史档案馆：《中华民国史档案资料汇编》第5辑第2编附录（上），江苏古籍出版社1991年版，第594页。

文化侵略

表3-1 冀东道区省县立中等学校日籍日语教员配置一览表（1938年6月）❶

学校名称	所在地	日语教员姓名	备注
省立唐山日语教员养成所	唐山	中村良太郎	
省立唐山日语教员养成所	唐山	中村琢美	
省立唐山日语教员养成所	唐山	深川辉美	
省立通县师范学校	通县	中西金太郎	
省立通县女子师范学校	通县	杉田周一	
省立通县初级在科职业学校	通县	村漱岩	
省立滦县师范学校	滦县	大竹直治、坂本久荣	
省立牛栏山乡村师范学校	顺义县牛栏山镇	高木繁	
省立唐山中学	唐山	梶原治郎、吉小方义雄	
省立遵化初级中学	遵化县	安原贤道、桥木仲三郎	
省立新集初级中学	宝坻县	小林忠二	
通县简易师范学校	通县	鹿岛十郎	
滦县简易师范学校	滦县	田原九郎	
滦县县立中学	滦县	佐佐木正纪	
丰润县简易师范学校	丰润县	锅岛俊成	
丰润县立中学	丰润县车轴山	大和田时雄、白石琢郎	
昌黎县简易师范学校	昌黎县	上田金三郎	
乐亭县简易师范学校	乐亭县	小林令宜	
迁安县简易师范学校	迁安县	川边良一	
宝坻县简易师范学校	宝坻县	小野助一	
蓟县简易师范学校	蓟县	吉见平三	
玉田县简易师范学校	玉田县	麻生幸裕	

❶ 资料来源于南开大学历史系、唐山市档案馆：《冀东日伪政权》，档案出版社1992年版，第569-570页。

第三章 图谋泯灭中华民族之魂的恶毒手段

续表

学校名称	所在地	日语教员姓名	备注
抚宁县简易师范学校	抚宁县	佐藤政雄	
临榆县初级中学校	临榆县秦皇岛	高桥荣一	
临榆县简易师范学校	临榆县	木村藤一	
昌平县简易师范学校	昌平县	广冈纯道	
宁河县简易师范学校	宁河县	平木春雄	
宁河县立初级中学校	宁河县卢台镇	仲留四郎	
三河县简易师范学校	三河县	下村清美	
卢龙县简易师范学校	卢龙县	蒲泽正胜	
顺义县简易师范学校	顺义县	泽田英俊	
香河县简易师范学校	香河县	伊东二良	
怀柔县简易师范学校	怀柔县	盐泽龙	
平谷县简易师范学校	平谷县	根岸孝	

以上共34所学校、38名日籍教员，表明在这里的县级中等学校中，日籍教师已成为普及日语的骨干。

旧中国是一个教育事业不够发达的国家，加之人口众多、国土辽阔，学生、学校的绝对量是一个庞大的数字，配足日语教师谈何容易！这个问题难以解决。因此，直到1940年，增加日语教员仍是一个难题。日伪当局在1940年7月、8月两次由"教育部"发文：一是《为承日方善意规定小学教授日语原则请核实呈》，二是《抄送小学日语课程调整原则及过渡办法呈》。两次"示呈"均围绕中小学开办日语课的困难以及实施过渡办法的问题。对商定的临时办法，特别提出"乞令饬华北政务委员会教育总署转饬各地教育行政机

文化侵略

关暨各都市小学及乡村小学一体遵照办理"❶。所谓商定的过渡办法,主要是条件尚不具备的地方小学低年级可暂不进入日语普及范围。这些方法也收到一定的成效,问题逐渐缓解,中小学的日语也终于陆续开课。以山西省为例,在1943年第五次"治安强化运动"的总结中提到日语普及情况:在雁门道所属各县,举办日语巡回教员讲习团,分赴各乡村讲授日语,以分期普及,促进中日语言之沟通,现计全道受讲人员共9400余名。冀宁道设有日语讲习班,训练道署职员。"新民小学"均增授日语并组成日语讲习班。又举办日语征文、日语试验,按成绩给奖。该署还举办日语学艺会1次。现计民众粗通日语者已达1288名。河东道令各级学校一律加授日语,县立各级学校附设民众日语讲习班,各级机关举办公余日语讲习班、日语检定及试验、日语学艺会、日语征文等以资鼓励。上党道各县署各级"新民小学",一律加授日语课程,并普遍举办日语讲习班,学习人数已达1000余人。❷

(二)教员强教、学生怕学的扭曲教学关系

在强大的日军武力压制下,中国沦陷区各级学校先后开课。学习情况怎样呢?据彭兴文老人回忆,他土生土长在北平怀柔县汤河口镇(现为北京市怀柔区汤河口镇),这里沦为伪满洲国热河省滦平县管辖的一个中心据点。1938年彭兴

---

❶ 中国第二历史档案馆:《中华民国史档案资料汇编》第5辑第2编附录(上),江苏古籍出版社1991年版,第593—595页。

❷《山西省第五次治强运动各道工作汇总报告》,原件存中国第二历史档案馆,档案号2005,2,462。

第三章 图谋泯灭中华民族之魂的恶毒手段

文考上回民初等学校（小学），接着又上国民优级高小，一直念到国民高等学校（四年制中学）。老人说：具有多年殖民主义经验的日本侵略者深知"欲亡其国，必先亡其魂"的文化侵略和攻心战术。为灌输奴化思想、培养驯服工具，他们采用的最毒辣的手段就是抓学校教育的语言同化。日伪当局一开始就把日语定为各级各类学校的主课，并和汉语一起并列定为伪满洲国的"国语"。上小学的第一节课就是学日本语的 51 个片假名（字母）；学生上体操课都必须用日语喊口令；音乐课第一节就要学日本国歌；学校教师都必须能说简单的日语，能教初小的日语课，不会的要赶快学。彭兴文升入中学时，日本人开始加紧了全盘奴化教育的进程，学校里配有日本副校长（掌实权）和日本教师，还来了一部分"满洲"人教师，他们多数是从日本学成回国的、满脑子"日满亲善"的"留学生"。他们用日语上课，硬逼着学生加紧学习日语，不然就骂人。日伪当局还规定：中学的学生都必须达到三等日语翻译的程度；能达到二等水平的则另配给大米、白面改善伙食作为奖励，极力诱使学生放弃其他学习科目，片面学日语，努力练习口语。❶ 从这段回忆可知，对于学生学日语，学校硬软兼施，或者骂或者奖，故意引导学生只顾埋头学日语，忘记中国魂。

学生爱学吗？据亲历者张珍老人回忆，1939～1945 年，他在北京房山县尤家坟村小学和长沟小学读书，接受的都是日本侵略者的奴化教育，其中一门就是日语课。"在长沟小

---

❶ 北京市政协文史资料委员会：《日伪统治下的北京郊区》，北京出版社 1995 年版，第 300－301 页。

文化侵略

学,三、四年级设了日语课。说是学好了日语,将来跟日本人打交道更方便,当时教我们日语的是一位青年教师,说一口流利的日本语。这个日语教师一心倾向于日本,教课方式,要求学生死记硬背。谁背读或默写不出来,他就要动手打学生,有时用藤子棍打脑袋,有时用'戒尺'打手板,相当凶狠。所有我们就怕上日语课。"❶ 这样恶劣的师德怎能使学生不怕!

教员是何许人?据报道,冀东中学以上增设日文。在滦县是由日本宪兵队派一名叫三义的日本浪人做教员,他是日本侦探,对教学一窍不通,上课时一味歌颂日本及"满洲"是所谓的"王道乐土"。他侮辱中国的民族,随便打骂中国学生,如果学生反抗,则开除学籍。学生是在屈辱下含泪去上他的课的。❷ 又有报道,天津"维持会"为了要"改变"青年的思想,指导青年人走入"正轨",并为对日本表示亲善起见,特令各中等学校于1938年起加授"四书"和日本语。日本语由日本教员教授,每校1~2人不等,大半是由学校日本顾问介绍来的,月薪都在七八十元以上。这批日语教员大半是原日本中等学校或高等学校毕业后而失业的人,在天津赋闲很久,遇到这样的好差事,他们高呼华北已成"乐土"。至于日语的读本,采用的是日本人饭河道雄所著的《中等日本语读本》及《速修日本语读本》,其内容有一部分极为荒谬,如"地理问答"一课中,将"满洲国"伪组

---

❶ 北京市政协文史资料委员会:《日伪统治下的北京郊区》,北京出版社 1995 年版,第 307 页。

❷ 《冀东通讯》,载《解放》第 1 辑第 9 期。

第三章　图谋泯灭中华民族之魂的恶毒手段

织看作一个国家,将中国的版图割去了四省,"日本见物"一课替日本炫耀国势,绝对不适于我国学校采用。❶这两篇报道反映出,日本教员非正规的来历及其日本殖民主义思想的本质,充分表明了他们根本不会尊重中国学生的人格,他们是向中国学生灌输日本军国主义思想的传播者,身兼小丑式政客的角色。

普及日语,按日本人的深算和图谋是不会仅仅停留在课堂上的。从下文的记述中可以看到,他们借推广日语极力把军国主义思想贯穿于学生学习和生活的方方面面,玩弄种种手法来强化对中国人,特别是对中国青少年的奴化教育,以达到精神上的控制。

二、以日本学校教育思想同化中国学生

由于基本国情不同,各国的教育思想不可能相同。在第二次世界大战中,日本却对中国各级学校实行日本式的思想教育,其本质还是奴化教育。他们从语言学习(普及日语)到学生的各种校内外活动都围绕着日本的战术、战略利益进行安排,但无论如何美化、伪装都掩盖不了这一真面目。

(一)大肆破坏中国原有学校

日本对中国学校的破坏有的是直接的战争暴行所致,有的则是出于战略意图的考虑。不论学校的实体、建筑,还是图书、教具乃至教师队伍群体无不被波及,而最重要的还是对中国教育制度、教育方针的篡改、偷梁换柱,以致面目全

---

❶ 欣晓:"奴化教育在天津",载《抗战》(三日刊)第十五号,1938年10月6日。

文化侵略

非。日本人把中国学校搞得乌烟瘴气,千方百计欲把中国学生拖进被奴化的教育陷阱。下面具体看几所学校被破坏的事例。

1. 南开大学遭炮轰、洗劫

《津门旧恨——侵华日军在天津市的暴行》一书记载了当年亲历者肖友慧的回忆。

南开大学始建于1919年,是一座国内外闻名、有着优良学风和革命传统的高等学府。校内建筑恢宏,花木扶疏,整洁安谧,芳草如茵,有秀山堂、思源堂、芝琴楼和藏书近15万册的木斋图书馆。特别是铸于晚清的海光寺大钟和钟亭,更以"八里台钟声"构成津门胜景。

九一八事变后,日本侵略势力的矛头逐渐以得寸进尺之势指向华北。那时,天津不仅有日本租界,还有日本驻屯军和日本兵营(在海光寺、南开大学附近),是当时日本军国主义势力侵略华北的重要据点。

最令人气愤的是,日本在津"驻屯军"把南开大学校园当成他们的练兵场。在男生宿舍前的体育场构筑机枪阵地,在秀山堂门前空地演操练武、喊口令和打靶。机枪嘎嘎声扰得楼内无法上课。当时的南开大学秘书长黄钰生以学校名义向日本驻津领事馆提出抗议时,日本领事蛮横地说:"你们取缔抗日,军队就不来了。"

1937年,七七事变爆发后,日本领事馆派人来南开大学,要求会见学生马大恢(学生会主席)和沈世杰(学生抗日组织民族先锋队负责人),意图把他们骗去逮捕。此时还是暑假,学校则以学生已放假回家为由拒绝。随后来了一队日军,说丢了一支步枪,要进校检查,也被学校婉言拒

第三章 图谋泯灭中华民族之魂的恶毒手段

绝。黄钰生和理学院院长杨石先教授商定立即组织学生疏散,组织教职工眷属搬迁疏散到英租界的新学书院临时租用地点去,并开始把一部分图书和仪器转移到英租界的金城银行仓库。但由于交通工具的困难,在这几天里也只转移了贵重校产的十分之二三。

1937年7月29日凌晨,日本侵略军在天津市实施了野蛮的炮轰、飞机轰炸、抢劫和纵火暴行。他们施暴的目标除了河北省政府(在天津河北区),还主要对准了南开大学,第一炮打河北省政府,第二炮就打南开大学,以木斋图书馆的圆顶为目标,一炮未中,再炮击中圆顶,因为圆顶较重,垮下来就把图书馆部分压塌。随后多炮齐发轰向南开大学各建筑物。同时又有飞机在校园上空盘旋,观察命中情况。一顿炮轰之后,便见校园内弹壳星布,寂无人声,残垣断壁,惨不忍睹。正在计划如何觅船搬运图书馆残存图书的留守老师、员工,又闻枪声大作,急回秀山堂,集合留校人员避入地下室。随后就听见芝琴楼门窗玻璃碎落声,秀山堂中弹爆炸声,校园内火焰冲起,黑烟直上云天。

事后据八里台村目睹者说,下午炮停时,有一长列日本卡车,满载什物,从南开大学运到海光寺。原来停止轰炸是为了劫掠。日寇对不设防的南开大学实施暴行,在炮轰之后,继以抢劫,再继以炮轰,最后用汽车拉来煤油和纵火材料,对校园全部建筑物放火焚烧,南开大学成了一片火海。劫难由7月29日晨持续到30日下午,整个南开大学美丽校园变成了一片焦土。秀山堂、木斋图书馆、男女学生宿舍、东西柏树村教职宿舍,以及邻近校门的单身教员宿舍楼,均被夷为平地,思源堂剩下骨架残骸。300名学生暑假寄存在

文化侵略

校内的图书和行李，以及百余名教师职工的家私财产也受到劫掠或被付之一炬，损失难计。

抗日战争胜利后，从日本东京只找回了一万多册原南开大学馆藏西文图书。但数万册元、明善本，一本也没有找回来，海光寺大钟也渺无踪影，无从查索。

肖友慧说："在这两天里，日本飞机轰炸了南开中学、南开女子中学和南开小学。笔者家居南开中学附近联兴里，是为当时轰炸的目击者。……事后查视，南开中学南院的教学楼'南楼'和单身男教师宿舍'西楼'，女子中学教学楼和小楼均被炸毁并着火。南开中学北院在战争期间由日军进驻养马，亦受到严重破坏。南开学校的天津部分遭到了全面的破坏。这一段历史是我们世世代代向青年人进行爱国主义教育的永恒教材。"❶

2. 北平各级学校的厄运

对中国各级学校原有的教育，日本改为奴化教育。北平号称文化城，教育发达，学生运动素极活跃，久为日人痛恨。此次日军入城，文化机关均被破坏，北京大学、北平师范大学等国立学校，均改为驻军场所，教职员走避一空，校内什物被破坏无遗，各校学生被随意逮捕枪杀，唯时在暑假期间，学生多数返家，既有一部分于事变后，亦复逃出北平，除燕京大学因教会关系仍照常开课外，其他均已停顿。

北平市中等学校为数最多，私立者均由政府辅助，事变后既以学生不敷，经费无着，大部无形停办，闻有少数以收

---

❶ 广濑龟松：《津门旧恨——侵华日军在天津市的暴行》，天津社会科学院出版社1995年版，第11-14页。

第三章 图谋泯灭中华民族之魂的恶毒手段

学费为目的之学校，勉强开学，学生亦寥寥无几，小学及民众学校一律强迫开课，课本内提倡民族意识及抗日思想者，均由日方令"维持会"文化组与"社会局教育科"负责删改，以是特组"中小学课本审查委员会"，分别审查，一一删改，原拟重新复印嗣以赶办不及，临时剪贴应用，所有与党义国家民族有关，均被删去。

课程方面亦有极大之变动，党义根本取消，日方亦令警察局转谳各校禁授党义课，此外公民改为修身，军事训练、军事看护及童子军改为武术，并加添日语一门，强迫学生上课，以便养成毫无民族意识之汉奸，将来充当日本的傀儡。

日方对于学生运动，既严于取缔，同时制造伪学生组织，以金钱收买一部分无耻学生，强拉学生及青年人，组织所谓"华北学生联合会"，唯号召力极为薄弱，加入者仅10余人，开成立大会时曾由"维持会"通令各校校长，必须携带学生会主席参加，届时则仅有初小学生百余人整队入场，致辞则均为例套，讲者自讲，听者毫无印象，演成一幕滑稽剧。

日方对于高等教育，拟根本取消，唯一般文人汉奸则恬恬各校校长之美名，遂以组织伪华北教育总会，替代教育最高机关，唯日方对此并不积极维持，后仅为一空头机关而已。❶

除大城市学校遭破坏外，其他中小城市也莫不如此。如《救国时报》1937年12月20日报道："日寇残暴为人道不耻，我们必须尽量加以揭露。九日，日寇飞机又至开封，瞄

---

❶ 《申报》1937年11月3日。

文化侵略

准学校及其他教育文化机关投弹，某小学的学童被炸死者竟达数十人。"

在农村小学，因日寇的武装侵略行动使师生的生命安全也没有保障。在北平郊区，七七事变后，平谷70多所小学，由于日寇的侵入，校舍被毁、教师被杀的事件屡屡发生，加上战乱造成的穷困，学生失学、教师辍业者难计其数。在日本"大扫荡"中1941年6月，东高村小学被日军包围，学校抗日干部牺牲，许多教师也同时被捕。王辛庄教员陈继昂在日寇"清乡"时，被日本鬼子杀死。1942年春，南宅小学教员侯元凤也在"清乡"时被日本兵挑死在街头。城关马神庙小学教员刘印侯，因参加救国会遭捕杀害……诸多惨剧的发生使教育界人心惶惶，胆小的教师都不敢到校上课。学生则因日军三天两头的下乡抢粮而无心或不敢进校门。在长城沿线的北部地区，日军制造"无人区"，推行灭绝人性的"三光"政策，大规模驱赶群众、"集家并村"、挖壕封锁、断绝山区通路，进行疯狂屠杀，学校面临这样的恐怖形势根本不能坚持开学授业。❶

在沦陷区，中国广大城乡原有各类各级学校都难逃如此厄运，学校、个人都蒙受了不可估量的损失，个人的前途、教育界的命运几乎全掌控在日本人的手中。下面看日本人怎样管理中国的学校、向中国学生灌输怎样的思想，其手段之毒辣不能不令人感到触目惊心！

---

❶ 北京市政协文史资料委员会：《日伪统治下的北京郊区》，北京出版社1995年版，第418页。

（二）鼓吹"东亚圣战""反共剿共"是思想教育的中心

1. 严防学生步入"歧途"

向学生进行"东亚圣战"的思想教育，目的是求得中国学生对"圣战"的理解支持。然而，战争受到中国共产党军事力量的有力抵抗。因此，"反共剿共"逐渐成为日本武力在中国的主攻方向，"扫除共产思想"也就变成日伪对学生进行思想教育的中心。

日本军国主义者仇视共产主义思想意识形态，在侵略战争中把"剿灭中国共产党领导的抗日力量"作为在华成败的关键，这是日本帝国主义本性所决定的。因此，日本当局令伪教育部门和学校组织学生参加政治、文化方面的社会活动，不断向学生灌输"反共剿共"的思想意识。

1937年8月，伪冀东教育厅第二届直辖校校长会议拟订"防共"原则案。❶

理由：查防共意义之重要，尽人皆知，无待叙。惟关于学生部分，为预防青年学子误蹈歧途起见，尤应严密防闲导入正轨。凡各校校长及教职员，均负有此项重大使命。兹经本厅拟订原则数项，至应如何实施方臻周备，特提案讨论，即希么（疑为议——编者注）诀。

---

❶ 南开大学历史系、唐山市档案馆：《冀东日伪政权》，档案出版社1992年版，第545页。

办法：拟订原则四项如下：

1. 考察言行：各级学校在授课时，对于学生言论行动，均应严密查察，勿使有共产学说之倾向。

2. 调正思想：各校应于课余，利用各种方法引导学生使其思想正确，勿令荒于闲逸，免于共产党徒以引诱之机会。

3. 检查读物：各校学生阅读刊物，应由训育人员随时检查，不得涉及共产党宣传文字，否则没收销毁，并予以相当之惩戒。

4. 联合家庭：各学校与学生家属，应随时联络，对学生在家庭之读物，施以检查，俾学校与家庭通力合作，以防共产党之诱惑。

审查意见：原则通过其实施方法，仍请教育厅拟订转请核准后通令施行。

大会决议：照审查意见通过。

该方案把执行"防共"原则的目的意义和具体做法都在校长会议中"通过"，这将使学生面临严密的管控，没有选择的余地。有了具体四项办法，更需要向师生灌输"防共"的思想。

1938年6月，临榆县奉令颁发《防共要义》一书，顾名思义，该书就是"反共"的歪理学说。内文中说：

冀东防共自治政府，自宣告成立以来，脱离党治，与民更始，本防共自治之方针，为休养生息之基础，但实施自治，首在努力防共，而澄本清源，尤以纠正人民思想，为当

第三章 图谋泯灭中华民族之魂的恶毒手段

务之急。兹经教育厅，编印防共要义一书，凡为共党罪恶，及其危害国家社会各点，均详加解释，于人民思想之指导，实多裨益，自应分别令发，以期家喻户晓，特发交本县防共要义三千份，令仰转发各机关团体人员，各学校教职员学生，乡镇长等，以及警团人员，妥为分配。本县于是日前接到防共要义三千份后，即印制布告，连同该书一并颁发，俾便周知云。❶

2. 令师生参与"防共"活动

1941年11月，日本侵略者开始第三次"治安强化运动"，在《各级学校及文化教育机关实行纲要》中提出："兹值治强运动实施之际，在文化工作之立场应对于教育、宗教、文化等机关加以适时之指导，使其自动参加本运动，用讲演宣传等有效方法唤起一般民众……"该《纲要》共设六条：（1）"铲除共党思想"，可见"铲共"首当其冲。（2）促进东亚共荣圈内物资之自给自足，而谋经济之确立。（3）实施对于"匪区"之经济封锁。（4）增强各种资源之生产力，同时并实行节约消费，奖励储蓄，及收用废品等，以谋民众经济之安定。（5）对于谋个人利益与"匪区"为货品食粮交易者及收买囤积居奇者，加以打击，认为民众之公敌。（6）暴露"匪区"之物价昂贵情形及其经济危机。以上六条，学校师生都有参与宣传的义务。日伪还制定了《华北各省市各级学校及文化教育机关协力第三次治安强化

---

❶ 南开大学历史系、唐山市档案馆：《冀东日伪政权》，档案出版社1992年版，第565页。

文化侵略

运动实施办法》，规定：

一、各省、市、县主管教育行政机关应各厘定办法，对所属各级学校及文教机关按照当地实际情形为适宜之指导，使用讲演、展览等有效办法切实宣传，唤起一般民众，使其明了六项要领，积极实行。

二、中等以上学校当局应聘请关系人员举行讲演。

三、小学校得斟酌情形，邀请学生家长举行恳谈会，从事宣传。

四、乡村小学应于举行家长恳谈会时，劝导其对邻里宣传。

五、文化机关应酌量情形举行治强展览会。

六、社会教育机关应举行定期及巡回讲演，并举办展览会或映画会。

七、各学校各机关因举办上项宣传用款，得于原经费办公杂费项下作正开支。

八、各学校、各机关举办治安强化运动终了时，应将办理情形及实施效果呈报主管机关备案。

九、各省、市、县教育行政机关应将指导办法及实施结果呈报或汇报上级教育行政机关查核。[1]

以上九条表明，日伪当局把学校纳入"治安强化运动"，一方面看重学校具备文化思想宣传的能力，另一方面则更期

---

[1] 中央档案馆、中国第二历史档案馆、吉林省社会科学院：《华北治安强化运动》，中华书局1997年版，第209－210页。

待对青少年学生思想灵魂产生影响。在第五次"治安强化运动"中，又给学校提供了开展大规模宣传的形式、方法，华北"治安强化运动"总部制订了第五次"治安强化运动"的宣传计划，提出：

华北治强运动总本部目前拟办之宣传计划大要如下：（一）资料之制造颁布。……（1）粘贴用传单，即四项标语全文之粘贴传单。（2）讲话资料集，集录各种平易资料，制成袖珍小册，以备小学教师及保甲指导班员在学校与各村庄举行讲话之用。（3）漫画册，附带简易说明漫画册子。（4）教材画片、小学教师讲话时堪作教材使用之画片。（5）大东亚战争画报，大东亚战争照片，如南方建设与华北猛进之写实画报。（二）利用纸烟、火柴宣传，印制简单图画、标语、"画片"装入纸烟盒内，或于火柴商标加印标语。……（三）新闻杂志宣传，新闻方面，由中华通讯社、华北宣传联盟供给各地报馆材料。杂志方面，直接供给材料。（四）广播宣传，积极举行广播宣传。（五）电影宣传，制造新片，俾于兴趣之中了解何为治安运动，再购合乎本运动之电影从新编辑，由新民会巡回演映班、常设馆等演映。（六）利用政委会、情报局定期刊物宣传，积极活用月刊杂志《新少年》、半月刊解说册子《时事解释》。（七）其他宣传，制作治运童谣词谱，普及童谣舞蹈。再以学生为对象征集治运论

文化侵略

文，动员文艺作家注重文艺，使与运动结合，以谋运动开展。❶

这些五花八门的宣传方式方法，从报刊到电影，大到传单小到火柴盒商标，宣传对象从成年人到小学生都躲避不了，充分反映了日伪笼络中国民意的急切心态。

地方部门也有配合规定，如在冀东，伪政权教育部门于1941年向学校"推行训育方针八条之具体办法"，其中之一"杜绝容共思想"，具体办法是：（1）各校每月举行兴亚奉公日，彼时校长教师讲演共产党之破坏农村残害人民之行为。（2）利用各种纪念日集会，由各机关讲演兴亚灭共之意义。（3）训练校长教员，使明了共产主义之不容于中国之伦理社会。（4）校长教员皆互为联系，或单觅妥当之保证人，以杜绝思想不良分子之侵入。（5）使学生明了共产党破坏家庭农村，实为人类之公敌，发扬家族之精神。❷

当第五次"治安强化运动"开展时，各级学校按照《各级学校及文化教育机关实行纲要》纷纷行动起来。下面列举包括小学、中学、大学的活动情况。

（1）小学。以国立北平师范大学附属第一小学、第二小学为例。

举行周会训话，学生演讲及指定之作文、劳作、美术等，以下列各项为题：

---

❶ 中央档案馆、中国第二历史档案馆、吉林省社会科学院：《华北治安强化运动》，中华书局1997年版，第630－631页。版式有调整。

❷ 南开大学历史系、唐山市档案馆：《冀东日伪政权》，档案出版社1992年版，第579页。

第三章 图谋泯灭中华民族之魂的恶毒手段

大东亚战争之意义及其发展之现状；
共产党之残暴行为及其活动之现状；
革新生活之方法、勤劳奉公之精神；
每日授课利用适宜机会融合"治运"意义及精神于课业中；
揭示开辟"治运"栏征集课外作品；
揭示报纸关于"治运"之论著；
设教职员讲习班请日籍教员讲日本新兴教育；
收听关于大东亚时局之播音；
参观关于大东亚时局及灌输文化各类电影；
举行讲话及训话。利用朝会时间由教职员说明第五次"治运"之目标及中小学学生所负之责任；
联络与推广。开家长恳亲会，并在电台广播解释第五次"治运"之意义。❶

两处小学共规定 18 项活动，其中直接有关所谓共产党暴行、"大东亚战争"、第五次"治安强化运动"、介绍日本学校教育的内容就占 11 项，说明中国学生从小就受到亲日"反共"的思想灌输。

（2）中学。以国立北平师范大学附属男、女中学校为例。

征集学生"治运"论文标语感言宣传图书等；

---

❶ 中国第二历史档案馆，档案号 2005，2，462，2。

演映大东亚战争及日本文化电影;

举行第五次"治运"讲演会，阐扬和平反共以及护乡、爱家、敬老、抚幼、忠孝等重大意义，以为新国民运动之准备，张贴五次"治运"标语;

各班学生搜集残废金属物，以谋协力战争体制之强化;

揭示报纸关于"治运"之论著。

本校教职员训话讲述关于反共建国、保卫家乡、敬老抚幼、革新生活、自肃自戒、勤劳奉公、中日亲善、节俭增产、东方道德精神等论题;

征集学生关于第五次"治运"论文、标语、感言、宣传、图书等;

举行学生讲演会。❶

中学生进入青少年时代，具有初、高中文化水平，因此，他们在校园范围内，除听取训话外，学校还召开学生讲演会、张贴标语、阐述感言等，组织各种宣传活动。同时，采取各种手段扩大学生的视听面，如组织中学生看"东亚战争"电影，从报纸杂志上了解"治安强化运动"论著观点等。

（3）大学。以国立北平师范大学为例。

在第五次"治安强化运动"中，国立北平师范大学举办了如下活动：

治安训话。自第五次"治运"展开之日起，至12月10

---

❶ 中国第二历史档案馆，档案号2005，2，462，2。

第三章 图谋泯灭中华民族之魂的恶毒手段

日止,共分9周,请各教授于晨操时,分别在本校、分校举行训话、演映时局电影,全体学生到场参观,对东亚民族特有之精神以及青年今后所负之使命,均感有绝大之激励与奋发。

举行各种集会。于本大学学生生活指导委员会之下,举行第五次"治运"讲演会及座谈会,对于反共革新生活及应行协力第五次"治运"诸问题,均有相当之发挥及讨论。此外,又组织青年进德会以期自肃自戒相互劝勉。

征集论文标语感言。宣传所需学生所缴各件投稿力求甚多内容极为丰富。

发行"治运"专刊。引起学生对于第五次"治运"有深刻之注意与认识,特刊印"治运"专刊。

收集残废金属品。自设置废金属物品收集箱于校内,各处学生尽量搜集献纳废金属物,交由外二区公所转交有关当局。

校外活动。参加中国留日同学会主办之第五次"治运"电影大会,新民学院主办之治安强化大学生讲演比赛会,学生生活指导委员总会主办之"治运"讲演映画大会,有关"治运"之学术讲演会,华北防共委员会主办之防共讲演大会,新民学院主办之第五次"治运"大学生座谈会。

此外,学生白恒波应教育总署所征"治运"论文获选第一名、学生陈静应华北防共委员会所征防共论文获选第三名。❶

---

❶ 中国第二历史档案馆,档案号2005,2,462,2。

文化侵略

从这些材料可知：大学生已是成年人，理解能力、接受能力、活动能力显著增强，还有了自己的组织"生活指导委员会"。学校安排的活动有几个特点：一是对即将进入社会的大学生加强了对时局的告之，如每天的晨操"训话""演映时局电影"，以刺激学生对"大东亚战争"的"激励及奋发"的情绪；二是通过举行"各种集会""讲演会""座谈会"，对"反共革新生活"等问题进行带有"发挥"性的"讨论"，促使学生建立日本的所谓"东亚民族之精神"信仰理念；三是与中学生不同，大学生参与许多"校外活动"，广泛接触社会上的亲日"反共"组织，如"新民会"、"华北防共委员会"、中国留日同学会等，日伪当局期望大学生开阔崇日的视野、增长媚日的见识，日后做日本的顺民，乃至为所谓"大东亚圣战""反共剿共"舍命效劳。

其他学校也一样开办了多种形式的活动。北京大学理学院举行"讲演会"，于第五次"治安强化运动"期间，学院举行第五次"治安强化运动"讲演会，如学术讲演、巡回讲演、精神训话、学生日语演说会等。此外，还有"新民学院"主办之"治安强化运动"大学生讲演会，"防共委员会"主办之"防共讲演会"，"北大学术集谈会"主办之讲演会、映画大会。

此外，还组织座谈会和宣传展览。在北京大学理学院举行教职员学生茶话会、电影会、"日本事情介绍写真展览会"，还有留日同学会主办第五次"治安强化运动"电影展演，"学生生活指导委员会"主办"治安强化运动"讲演映画大会。

训练组织青少年团，随时指导学生实行勤劳节约并训迪

第三章 图谋泯灭中华民族之魂的恶毒手段

学生护乡、爱家、敬老、抚幼等美德,切实力行。同时加强体育训练,寄宿学生参加防护演习。

学校举办的学生日语演说会,由特别"防共委员会"主办的"防共讲演会""日本事情介绍写真展览会"等,突出了"反共"亲日的分量。北京大学法学院举办"集会演讲",于第五次"治安强化运动"期间,举行学术讲演并参加"治安强化运动"大学生讲演会、"学生生活指导委员总会"主办"治安强化运动"讲演映画大会、北京饭店举办大学生座谈会等。

公开征文。遵照专科以上学校"学生生活指导委员会"拟定之第五次"治安强化运动"实施纲要,征求论文、小说、剧本、漫画稿件,以便登载学生所闻。此外,由学院命题,令学生发抒关于五次"治安强化运动"意义的见解,登载笔记。

宣传事项。于门墙、教室、宿舍分贴"治安强化运动"标语,其余有关"治安强化运动"各种图书亦随时予以揭示。❶

北京大学理学院侧重学生自己动脑动手,征求论文、小说、剧本、漫画等,促进学生发挥兴趣特长表达自己的认识和情感,学校欲以此强化宣传效果。各学校如此安排,有极强的政治目的性,就是协力日本对中国学生进行思想"革新",把思想立场渐移到日本军国主义一方,视中国学生为日本的后备力量,以供驱使,以供"以华制华"政策的延续发展。

---

❶ 中国第二历史档案馆,档案号2005,2,462,2。

3. 各地伪教育局（厅）领导巡检下属学校

第五次"治安强化运动"中，山西省伪教育厅厅长率团巡视，期望各学校在参加运动中成绩赫然，1942年12月31日率团回来向上级报告说：

查第五次"治安强化运动"，系赓续前四次"治强运动"之最高理念继续推进，以扩大其成果，已于十月八日华北全域展开热烈澎湃的实践活动。本部规定，各委员巡视时间表，内列本人担任地区为临汾等12县，因时间及各地治安关系，特择出临汾、洪洞、赵城、霍县、襄陵、汾城等县为实地巡视区域。乘车出发，沿途"治运"标语、传单、漫画甚为众多，秋季农产亦颇丰收。十月二十四日上午10时后，及视察临汾师范学校及附属小学校，召集两校教职员，垂询学校协力"治运"情形。据云，曾派学生街头讲演数次，校内作文，以"治运"出题，课程内加授第五次"治强运动"材料，教职员、学生一律勤劳奉仕，以锻炼新民精神。召开座谈会，以研讨"治运"意义，复召集两校全体学生训话，对于学生协力"治运"要义详细指示。下午2时，赴临汾县立新民小学校、临汾道公署及道署"治运"分部，临汾县公署及县署"治运"支部警察所、警备队等处，巡视推进情形尚属良好，就五次"治运"要旨加以训示。惟此次"治运"宗旨系于武力推进之中，更以文化要素辅助之，以冀任务目标及实施内容与民众之生活吻合，而促使人民自主的活动实现。军政人民上下一致之总力量，亦即新体制下之国民运动又一详阅，临汾县第五次"治运"状况报告及"治运"实施规则、教育状况报告，知县内计划甚为周详，

第三章 图谋泯灭中华民族之魂的恶毒手段

果能按照计划逐步推行其成效定有可观。又视察县立新民小学校,学生300余名集合于操场,垂询协力"治运"情形,就其已经办过之学生讲演,当场指定十一二岁小学生3名,令其讲说甚为动听,足证小学生之态度热烈,颇为宣传"治运"之好办法。又令全体学生合唱"治运"歌,声音齐整,"治运"之空气布满全场,此皆该校教职员热心协力治运教导得法之成绩也。……二十七日,又到临汾赴赵城,下车后开始视察县属各机关、学校。此次巡视各县一切情况以赵城县较为优良,赵城县属公务人员大部分系属青年,且资格学历皆较高深,县知事李慎言系军人,对讨伐共匪甚为尽力,对政治亦甚热心。自五次"治运"开始,即将办公时间提前1小时,该新民早操为军操,亲自教练,警察所、警备队队员质量皆优。询问四大目标及实习方法,皆回答如流。该县县立新民小学校共有两处,第一新民小学校校址广阔、设备齐全,且藏有中国古版书籍甚多,男女学生服装整齐清洁,执教员热心教授,由李知事领导学生做新民操,步伐齐整,精神饱满,天真活泼之精神充满全场。县立第二新民小学校系占文庙,校长夫妇(校内女教员)由民国二十七年开始办校,极尽心力,使人钦佩。两校员生对"治运"亦能努力,凡讲演宣传及"治强"论文等均已做过继续推行。❶

山西省这份巡检报告开头提出的"最高理念",其实就是所谓"亲日反共"、所谓日本"大东亚圣战"。巡视团的后台是日本人"协同山西特务机关"加藤中尉,他们沿途看

---

❶ 中国第二历史档案馆,档案号2005,2,250。

文化侵略

到的热烈场面"标语、传单、漫画甚为众多",不过是地方为应景所做。到了临汾县师范学校的附属小学,经过"垂询"终于得到了巡检团所乐见的东西,即"学生街头演讲""锻炼新民精神",以及县立"新民小学"300多学生"态度热烈",学生演讲"甚为动听"。在赵城县,他们得意地看到"新民小学"做"新民操""步伐整齐、精神饱满,天真活泼之精神"状态。报告上所表述的,我们且不论学校是否有作假的行为,强迫学生参加"治安强化运动"搞表演,这对小学生身心健康的摧残真是令人痛心,但这正是日本奴化教育所要追求的。

除令学校师生参加大型活动外,各地教育部门日常也不断安排师生校外活动,以求深入奴化教育。如"北京教育局"发令通知各校师生参加日本陆军音乐队演奏会。

案准新民会首都指导部第八〇号公函内开,迳启者,敝部为发扬东方文化介绍日本军乐起见,特与友方军部连络,定于(1943年)四月九日午后三时至五时,假座中央公园新民堂举行日本陆军音乐队演奏会。除分函各界欢迎免费参加外,相应函请贵局转饬各中小学,令爱好艺术师生尽量参加聆奏,俾得观摩机会以资借镜。事关敦睦友邻,即希查照办理,至纫公谊。等因。准此,除分令知照外,合行令仰该校届时选派教员学生前往参加为要。此令。

局长王养怡[1]

---

[1] 北京市档案馆:《日伪北京新民会》,光明日报出版社1989年版,第124页。

第三章 图谋泯灭中华民族之魂的恶毒手段

学生参加音乐会是观摩,主要还是为奴化教育。

"北京教育局"还发布《教育局令各校参加庆祝"大东亚宣言民众大会"》(1943年11月11日)。

查本公署宣传处及新民会市总会主办之庆祝大东亚宣言民众大会,定于本月十二日下午三时在中央公园音乐堂举行。中等学校学生应行参加者二千五百名,计市私立各校应各选派学生五十名参加。除分令外,合亟令仰该校遵照,届期由各该校长或教务主任率领学生准时到会为要。此令。

局长孙世庆❶

兴师动众,为适合日本驻军和"新民会"的心意。

再如1944年《新民青少年团统监部呈报新民青少年实践兴亚奋起运动实施办法》(1944年11月27日)。

迳启者,本统监部依据第二届大东亚青少年指导会议议决案,为使新民青少年在决战体制下,以决战必胜之信念实践新国民运动,促进大东亚总力集结,而期早日完成兴华保亚之伟大使命,特定于本年十二月八日至明年一月九日,就华北各地积极展开总奋起运动……

一、实施方针

根据第二届大东亚青少年指导会议议决案,并参照中国

---

❶ 北京市档案馆:《日伪北京新民会》,光明日报出版社1989年版,第132页。

文化侵略

青少年团所制定之实践兴亚总奋起运动计划纲要,新民青少年须以决战必胜信念实践新国民运动之精神,展开兴亚总奋起运动,以促进大东亚之总力集结于决战体制下,早日完成兴华保亚之伟大使命。

二、运动目标

(一)昂扬兴亚必成信念

(二)增加生产

(三)国土防卫训练

(四)彻底实践决战生活❶

太平洋战争后,日本势衰,中国青少年已成为日本后备军了。

不难看出,教育机构这些文件决议,是要抓住一切机会向青少年学生灌输日本对中国进行文化侵略的种种荒谬的思想理念,鼓动他们为日本的"兴亚"运动助力献身。

所有这些令学校学生、青年训练团员参加的活动,都是紧密配合日本奴化教育的另一种方式,他们对天真不谙时务的中国青少年下手,丧尽天良。

三、亲历者揭露、控诉日本奴化教育的罪行

日本妄图让中国学生或者中国青少年以日本军国主义的灵魂为灵魂,欲使侵略者野蛮的人性为中国青少年的人性,他们使用的手段不外乎威胁恐吓、欺骗软化、毒化腐化等。

---

❶ 北京市档案馆:《日伪北京新民会》,光明日报出版社1989年版,第136-137页。

第三章 图谋泯灭中华民族之魂的恶毒手段

日伪当局在他们堂而皇之的官方文件背后,干了许许多多伤害、侵犯中国人权的罪恶勾当,犯下了不可饶恕的罪行。

(一) 强加给学生沉重的精神压力和凌辱

学生在校氛围十分紧张,相关档案有如实记载。

敌寇对山西省沦陷区青年普遍实施野蛮毒辣的法西斯奴化教育,强迫灌输"中日友好""建立大东亚新秩序"的奴化思想,强制高中学生读封建古书与风花雪月之书,以磨灭中国青年的民族思想、浪费他们的宝贵青春。敌寇及其走狗、汉奸特务们,对青年的思想行为,监视得十分严密,经常利用各种欺骗手段,进行"思想检查"。无数的优秀青年,在所谓"思想不良"的名义下,遭到警告威胁、逮捕毒打,甚至暗杀。

课堂之外,实行所谓"勤劳奉公"的剥削方法,强迫男生开垦稻田,女生缝鞋袜做杂活。又实行对学生的分化压迫及对女生的侮辱奸淫,如敌在汾阳中学对学生的管理办法,采取敌部队中的奴役等级制,低年级学生给高年级学生服勤务,高年级学生可以处罚低年级学生等,企图造成学生间的高低等级,借以分化统治。至于毒化的方法,是经多方面来麻痹的,以消灭学生的民族意识,除每周上 5 小时日语课和进行 4 小时军训外,还有所谓"修身"课 2 小时,并规定 8 日、9 日为"祭忠魂碑日",强迫中国学生为敌伪死鬼扫墓。至于学生生活,当然与沦陷区人民的生活同样困苦,每天吃的是高粱、黑豆,而且是坏的。敌寇更强迫学生每周做苦工 3 天,1943 年令他们拆毁平汾车站,修敌军用医院、军用仓库及防空洞,搬运仓库,等等。

文化侵略

汾阳中学的大权，都操纵于日本人青木千鹤男之手，对校内200多名师生，稍不合意，就处以打骂、罚跪，或送宪兵司令部，连伪校长王根都不能幸免。为了任意侮辱女生，1943年青木曾命令伪校长把女生搬到他独住的楼上去，伪校长只好派了两个女生去住，供其淫辱。这样的情况是普遍的。❶

日寇对沦陷区的青年学生，极尽欺骗麻痹、侮辱压迫之能事，企图把他们变成驯服的羔羊，任意奴役。但是，敌寇的如意算盘步步落空，因此垂死挣扎的敌人对沦陷区青年的残酷统治，便越来越凶残，1939年从太原逃来边区的一个青年学生，他控诉了敌寇铁蹄犯下的罪行。

在恐怖与猜疑中度日，各个学校大权都掌握在日寇教官手中，对学生监视极严，如学生稍有对校方表示不满，或谈论国事者，就给予警告威胁，甚至逮捕，教职员、学生常常受到宪兵的检查，无故被带走。太原某中学一个学生被敌人捕去以后，严刑拷打，几次灌辣椒水，昏死过去再用冷水喷醒。被捕的学生被铁丝一起串住，解手也要一起解，这些被凌辱的人，头发长到一尺多长，虱子到处爬，神志昏迷，不像人样，因此而被折磨致死的不知有多少。某中学一学生在伪《华北新报》（前伪《新民报》）上投了一篇谈学校理想的稿子，宪兵队就通知校方叫他注意思想行动。高校图书馆甚至有抗战前比较开明的文学书，但没有人敢借，谁去看一看本子上就被记上了名字。青年学生在这样极端野蛮的法西斯奴化统治之下，同学间不敢轻易闲谈国事，但有些乡下探

---

❶ 原件存中央档案馆，档案号185卷。

第三章 图谋泯灭中华民族之魂的恶毒手段

家回来的同学，有时也透露一些关于八路军在太原附近打胜仗的消息，从听的人会意的微笑中，说明了他们把解放的希望，寄托在了八路军身上。

无耻的下流手段，摧残着纯洁的灵魂与青年人的意志。在国事免谈的情形之下，功课又逼得很紧，敌人企图用大量灌输封建愚昧思想的方法，来磨灭中国青年的民族与反抗仇敌的意识。宣扬儒家文化，重礼义教化，尊重君主权威，以缓和统治阶级内部矛盾，稳定长远的利益。但青年学生对此有意无意地加以抗拒，大部分学生专读文艺书籍，敌人当然不会放松他们的奴化阴谋，于是从伪满翻印大批文艺书籍。这些文艺书籍是用盗名篡改的无耻办法来编印的，甚至把鲁迅先生的著作加以篡改，来欺骗青少年。部分学生则被压制得喘不过气来，只有看风花雪月之类的小说，看淫荡的电影，来消磨他们宝贵的青春。

在敌占区除了从文化思想上奴化青年外，又用所谓"勤劳奉公"的无耻办法来剥削掠夺青年男女大学生的劳动力，强迫各校学生轮流到城外阑村，为敌军开垦稻田一周，数百亩中国老百姓的麦田，在"皇军"的淫威下，都被践踏了。女学生则被迫为敌伪毫无代价地缝衣做鞋做杂活。

学生的生活和沦陷区一般人民的生活一样穷困，纸张缺乏到难以想象的程度，学校考试没有卷子用纸，很多需要印的东西，也只有利用以前的旧书页或其他东西翻过来印。学生伙食 1943 年已开始下降，但那时还可吃到盒子饭，到 1944 年就更坏了，1 月份的粮就要吃到 3 月份，学生喝稀粥，到后半年连高粱面也缺乏了，经常吃黑豆，连皮带疙瘩磨成面，再掺上一点其他的面做成糨糊似的东西。没有调料，只有一点点盐，但就这也不能吃饱。因敌人的"配给"制度，一个学生每月配给 36 斤粮，而且这点可怜的"配给"也不能按时保证，1943 年有的中学就因粮食和煤炭缺乏，不得不提前 1 个月放假。

后来，敌人也不得不吃小米，穿布衣，牛皮靴的铁钉的响声也稀落了，大多数穿上了中国的软底鞋。花样繁多的欺骗宣传，掩饰不住他们将死的丑态。这些事实学生们都看得清清楚楚，所以虽然他们处于敌人的封锁下，对解放区知道得还很少，但敌人必败的信念，他们普遍地意识到了，都在盼着反攻的到来，在等待着解放的日子。❶

（二）日伪编纂的教材是害人的毒饵

课堂教材本是为培养学生健康思想意识、道德修养而编著的。但日伪是怎么干的？从天津、河北井陉县的情况可以作初步的了解。我们看记者报道天津的情况。

1937 年 10 月天津市成立"地方治安委员会"，抓紧了奴化教育工作，包括教材、教师队伍、制定校规等。

第一，建立专门工作组修改旧教材。"维持会"为了献媚日方获得日本军队的垂青好感，在"社会局"成立后的第二日就组织了一个"教科书修正委员会"，开始搜集中小学校所用的教科书，任意地加以修改，删除最多的是国语、史地、社会、公民等教科书，有的教材如关于国耻史料、不平等条约、九一八事变、孙中山、三民主义、党旗国旗、帝国主义侵略中国等部分，都被完全删掉，因为他们认为这些是

---

❶ 《抗战日报》（晋绥）1945 年 5 月 5 日。

第三章 图谋泯灭中华民族之魂的恶毒手段

"有碍邦交""鼓吹革命""煽惑青年"。手下毫不留情是因为这个"修正委员会"的委员是"社会局长"钮传善、"教育局长"陶尚铭等,都是十足的汉奸,加上日本顾问多喜,自然很多中国原有的教科书要被认为"反动"了。修正后的这几种教科书,已由该局招商承印,专利发售,全市附近各界至少有10万名以上的中小学生购买。

"维持会"为了"改变"青年的思想,指导青年走入所谓"正轨",为对日本表示亲善起见,还特令各中等学校于本学年起加授"四书"及日本语。所谓"四书"就是《大学》《中庸》《论语》《孟子》,本都是儒家经典,教人如何培养高尚的道德品性,但如果被敌人利用就另有他图了。例如,日伪宣扬的"新民精神""王道政治"等,都是通过歪曲、篡改儒家经典捏造的,用以大搞奴化教育。据天津记者所知,各校均已遵办,"四书"一科由老古董或"一知半解"的教员讲授,所用的教材是"四书注解",旧书铺所存的铜版"四书"已销售一空,正由书商赶印中。

第二,对师生的思想控制。日军部为肃清"反日"分子,根绝"反日思想"起见,接着又进一步地令"社会局"转令各校实行"思想检举",凡教职员及学生的言行思想有"反日"倾向者,均须加以检举,由学校开除,或报告官厅拘捕。因此,有不少青年教员及过去曾参加课外活动的学生,早已不待检举而自动离去。不过虽在这样的高压政策之下,青年们的"反日思想"能否根本铲除,实属一大疑问。

图书馆是师生常光顾的去处,除了学校教育以外,"维持会"还有精力顾及民众教育。"社会局"派员到市立第

文化侵略

一、第二两个图书馆，三个通俗图书馆及六个阅报所去检查，将所有"有碍邦交"及"有煽惑性"的书报杂志一律焚毁，同时将墙壁上的各种标语格言及总理遗嘱等一律洗刷，换上了"实现华北自治""促进中日亲善""造成华北乐土"等荒谬的标语。

令学校无奈的校园的混乱秩序。日、韩浪人以各校已开学，认为是发财的机会，携带着大批日本出版的地图及替"满洲"伪组织歌功颂德的小册印刷品，去到各校兜销，各校因为避免麻烦，差不多都买一两份，不过价钱相当贵，因为这类东西没有定价，由他们随意要价，买者亦不好还价。地图的印刷很精致，而内容荒谬透顶，例如"大日本全图"，竟将我国东北三省列入，其他内容也就可想而知了。❶

学生在校是如此的状态，在校的中国老师受制于日伪管制，也处在煎熬的困境之中。

师生被迫接受奴化教育。河北省井陉县敌占区富有矿产资源，那里的学校就处于日伪更严密封锁之下，教师由日伪政府备案委任。这些人大部分不愿意当亡国奴，迫于生计，为养家糊口，不得不勉强教书，真心效忠日寇的只是极少数。学校所用的教材全是日伪编制。日伪还强迫学生学日本语，说日本话，灌输亲日思想，宣传"中日亲善""共存共荣""大东亚共荣圈"等奴化思想。日伪政权先后在河北井陉县城举办日语训练班多次，对教师学习日语尤为重视，大力推行"汉人日化"。对不愿学日语的教师还施以武力，很

---

❶ 欣晓："奴化教育在天津"，载《抗战》（三日刊）第十五号，1937年10月6日。

多教师受到欺凌。有的教师不堪忍受，跑往抗日根据地。在敌占区任教的教师，多经日伪政府考核备案，被分等划级，工资由村照发，但多无保障。工资多以伪币计算，物价飞涨，入不敷出。加之敌寇侵扰，人心惶惶，表面上全天上课，实则安心教书者无几。

（三）在校日本教官、教员的霸道凶恶

日本人贱称中国为"支那"，他们看不起中国人，可以想象，日本人在学校里是怎样对待中国学生的。在北平的黄村农业职业学校上学4年的朱景岚有这方面的记忆：

学校大权掌握在日本教官和少数认贼作父、为虎作伥的民族败类手里。他们一方面对师生滥施淫威，发号施令；一方面提倡复古读经，以麻痹师生的反抗意志，并通过日语课、修身课以及朝会、周会，直接宣传"侵略有理"的强盗逻辑。广大师生心底都埋藏着强烈的民族之耻和亡国之恨。

记得1942年学期初，新派来一名日语教员叫傅锡英，河北省滦县人。他长着一副蚕豆型脸庞，一对小眼睛，留着小平头，身穿一身深蓝色协和服，盛气凌人……

在同年深秋的一天，傅锡英给我们班上日语课，一进教室就横加指责。他提问王玉成同学（西胡林村人），因回答不合他心意，立刻打嘴巴。王玉成不服，用手搪了一下，这可把傅锡英惹恼了，又是拳打，又是脚踢，打得王玉成鼻青脸肿……

…………

省里派来一名日本教官叫松田耕三。松田教官实际上是

文化侵略

监督学校的太上皇,学校大小事情都要通过他。松田是个小个子,长着一脸络腮胡子,一对三角眼,经常板着一副黑面孔。每次周会他都要讲话,宣传所谓"日中亲善"、"共存共荣"、"大东亚共荣圈"、"建设王道乐土"……他监视着师生的思想和行动,有时甚至听窗根儿;他总提着一杆气枪,到处乱窜,活像一个黑色的幽灵。我们对他都十分小心。

…………

有一次松田来我班检查复习课,发现大部分同学不在教室内,他立即打发人把室外的同学找来,责令在教室前排成长队,从队首到队尾每个人抽了两个嘴巴。同学们眼里噙着泪,把仇恨记在心底。听说在十九班也发生过这样的打人事件。

1942年是沦陷区人民最难熬的一年。由于日寇疯狂的掠夺,各种物资缺乏,特别是食品奇缺。北平地区开始吃"混合面"。所谓"混合面"是用发霉的豆饼、麸子、橡子磨成,"配给"北平的老百姓,蒸窝头成不了团,要用手捧着吃,味道又苦又辣,吃后肚胀拉稀屎。学生住的宿舍院有东斋、西斋和北斋。院中间是小树林,厕所设在南墙内。由于吃"混合面"坏肚子,来不及跑到厕所就泻在小树林里。林里粪便狼藉,臭气熏天。如果说沦陷区是个大牢笼,那么当时的农职俨然是个牢中之牢。❶

---

❶ 北京市政协文史资料委员会:《日伪统治下的北京郊区》,北京出版社1995年版,第295-298页。本次引用时,略有调整。

第三章　图谋泯灭中华民族之魂的恶毒手段

（四）奴化手段无所不用其极

读日语、唱日歌、朝拜"天皇"、背"诏书"、入"协和会"，日本式教育简直无奇不有。彭兴文是亲历者，他回忆得比较全面，而且具体生动，印象深刻。

我开始记事的时候就是满街的日本军队，村里就安上了伪警察局（后改为"国境警察署"）。1938 年我 8 岁上国民初级学校（小学）时，已是卢沟桥事变的第二年。从国民初级到国民优级（高小）一直念到国民高等学校（中学四年制），可以说我的学校生活，基本是在日伪统治下度过的，因此受尽了日本侵略者的奴化教育……

具有多年殖民主义经验的日本侵略者深知"欲亡其国，必先亡其魂"的文化侵略和攻心战术。为灌输奴化思想、培养驯服工具，他们采用的最毒辣的手段就是抓学校教育和语言同化。日伪当局一开始就把日语定为各级各类学校的主课，并和"满语"（即汉语）一起并列定为伪满洲国的"国语"。上小学的第一课就是学日本的 51 个片假名（字母）；学生上体操课都必须用日语喊口令；音乐课第一节就要学日本国歌；学校教师都必须能说简单的日语，能教初小的日语课，不会的要赶快学。我上学的第一位老师田仲岚是私塾出身，因不懂日语，到第二年就不知道给派到什么地方去了。我们升入国民高等学校（中学）以后，日本加紧了全盘奴化教育的进程，学校里配有日本副校长（实际掌权人物）和日本教师，来了一部分"满洲人教师"，多数是从日本回来的满脑子"日满亲善"的留学生，他们用日语上课，硬逼你加

文化侵略

紧学习日语，不然你就听不懂课，跟不上班。当局还规定国民高等学校的学生都必须达到三等日语翻译的程度；能达到二等翻译水平的则以配给大米白面、改善伙食作为奖励，诱使学生放弃其他学科的努力，片面学习日语课、练习日语口语。

学校每天朝会必须先向日本东京的天皇陛下遥拜，向"满洲国皇帝陛下"遥拜，施鞠躬九十度的最高敬礼，然后合手宣誓，誓词大意是："满洲建国和大东亚建设的使命，担在我们青年人的肩上。"后来还叫天天念日本经（时间长了，经文已经忘掉）。

....

老师讲课多以日本国的内容为主。例如讲历史课就讲日本是"天照大神"缔造的，向学生灌输"惟神之道"。伪满在长春（当时称"新京"）也建立了"建国神庙"。1940年伪皇帝二次访日，从日本捧回"天照大神"作为伪满洲建国之神，从此宣传说伪满也和日本一样，起源于天照大神，说溥仪和日本皇帝如一人，因而伪满国民也是日本国民一部分，都必须懂日本的明治维新和纪元2600年的历史。学校里的地理，除了讲伪满洲国"行政区划"内的19个省、162县、37旗、14市、1个特别市之外，主要是讲日本地理，北起库页岛南至台湾，各地分县行政区划、风土人情。学校对学生严厉封锁一切有关中国的知识和消息，搞得学生（包括我自己）根本就不知道自己是中国人，不知道宝岛台湾原来就是中国的神圣领土；光知道这里大家都是"满系人"，日本是"亲邦帝国"，是日本人"解救"了满洲，对日本必须无限忠诚。满洲俨然就是第二日本国，老百姓就是日本的下一代。

第三章 图谋泯灭中华民族之魂的恶毒手段

还有一件事,就是从称日本是"友邦"、"盟邦"到称"亲邦"。伪满洲国建立初期,老百姓和学生都成天被告知是"大日本帮助我们建立了满洲国"。到处写着"日本友邦"、"王道乐土"等大字标语。我小学二年级时,开始学习、背诵伪满皇帝爱新觉罗·溥仪在 1935 年 5 月 2 日颁发的《回銮训民诏书》,称"与友邦一心一德,以奠定两国永久之基础"。之后每逢各种集会,如学校开学、毕业典礼,社会上各种节日,特别是"诏书奉载日"(即颁发"诏书"之日),都必须宣读"诏书",藉以训练小奴隶,养成盲目服从的习惯和灌输封建迷信思想。宣读"诏书"时,有人戴着洁白手套,捧着装有"诏书"的用黄绫布裹着的木匣,高举过头顶,走入会场,从此时起,全体人员便一律鞠躬九十度静听,直到最高主持会议人读完、送走"诏书",全体人员才能直起身来进行下项内容。"诏书"从头到尾都要求学生背诵。1941 年日本偷袭珍珠港后,太平洋战争开始,伪皇帝颁发了《时局诏书》,"诏书"要求"齐国人而尽奉公之诚,齐国力而援盟邦之战"。1942 年伪满"建国"十年时,伪皇帝又颁发了《建国十周年诏书》,称"献身大东亚之圣战,奉翼亲邦之天业",从此,日本"友邦"、"盟邦"又改称为"大日本亲邦"了。校长训话说,"以后改称日本为亲邦了,亲邦就是和咱们的父母一样,因为没有日本亲邦,就没有我们满洲帝国,我们的生存必须依赖大日本帝国"云云。就这样,每次改称都是从伪满皇帝颁发"诏书"开始,伴之以校长训话、社会宣传。从"友邦"、"盟邦"、"亲邦"这三步曲中就已经明显地看出日本侵略东北,使之一步步殖民化的狂妄野心。

文化侵略

在学校里日本除了实施愚昧学生、缩短学制、减少知识课程和增加日语、殖民奴化课程以外,还摧残民族文化,怂恿学生向往奢侈糜烂的生活。他们规定,非伪满出版的报刊书籍不准带入学校,不准私自传阅,也不准背地议论"国外"事情。同时他们却印发有色情内容的"流行歌曲"印刷品,使这些靡靡之音在校内校外广为流传,校内成天不绝于耳的都是《何日君再来》、《盼君早日返家园》、《忘记了当初那段美姻缘》、日本《阳春小调》之类的歌曲,把学生们闹得昏昏沉沉,糊里糊涂,人无斗志,甘心充当日本的小傀儡和小奴隶。

到了1945年日伪倒台的前夕,遇有伪满征兵、催粮催草、摊派税款等活动,都要抽调高年级学生外出宣传,让学生充当日本的侵略工具。

…………

日伪从精神上奴役、统治当地人民的工具,就是伪满洲国从上到下(直到村级)都建有的伪满协和会。"协和会"标榜"日满一心一德、民族协和、王道乐土和道义世界为理想的天皇圣意",向老百姓灌输所谓"建国精神"。他们让老百姓背诵《国民训》,念念不亡(疑为"忘"——编者注)日本"亲邦"。规定,男满20岁青年均为"协和会"会员。在县公署,由日本副县长任头目;村公所这级也有专职3人(如汤河口村公所)作"协和会"工作。他们除了大搞图片宣传(叫做演文明戏),涂写"日满亲善"、"王道乐土"、"建立大东亚共荣圈"、"日满共存"、"日满一体"等大字标语以外,还定期从各村(甲)抽调青年到"协和会",每期3个月进行轮训,企图把青年训练成推行侵略政策的骨干和

第三章 图谋泯灭中华民族之魂的恶毒手段

反共的先锋。❶

这个回忆录写得深刻触底,每一点都可用一句话道出其深意。如第一点,学日语就是为完成"大东亚建设"使命;第二点,学了日本历史地理,不知道自己是中国人;第三点,中日是"亲邦",就和咱父母一样;第四点,人无斗志就甘当日本小奴隶;第五点,入了"协和会"就成了"反共"先锋。

(五) 宣扬日本国威迷惑学生

日本侵略中国时,有目的、有计划地对中国青少年一代进行奴化教育,手段极其阴险,用心极其恶毒。侵略者进行奴化教育,采用了潜移默化的方式,使青少年在不自觉中,树立日本帝国"神圣"、日本军队"神圣"的思想。

据亲历者张珍回忆,日伪在学校搞奴化教育的主要方法和内容如下:

一、经常向学生灌输"大东亚共荣"的思想。我记得村里的维持会长、日伪大编乡的乡长,经常到小学校给学生训话,说什么"中国是有名的'东亚病夫',中国在工业上比不上日本,人家日本皇军的枪支全是三八枪、高射机枪,还有飞机、大炮。中国军队大多都是老套皮、汉阳造,打不了多远。日本在东三省建了许多大工厂。日本来中国,是为了帮助中国人建设新生活"。要求学校的老师和学生"拥护皇

---

❶ 北京市政协文史资料委员会:《日伪统治下的北京郊区》,北京出版社1995年版,第300－305页。

文化侵略

军",见了"皇军"要敬礼鞠躬。那时我们都把日本兵的旗子叫"膏药旗",校长和维持会就多次嘱咐我们说,那是日本国的国旗,应当说是"太阳旗",不能说是"膏药旗",那块红色图案,是太阳,"它要照亮全世界"云云。

二、经常组织小学生列队欢迎日本人进村进校。我在本村和长沟小学上学时,是学校鼓号队的成员,曾多次被组织列队出校,到村口或校门口,"欢迎"日军来校训话。1944年的春天,房山县的伪县长王德育和几个日本军官要来长沟小学。校方强迫全校50多名鼓号队员和二三百名师生,早早地列队站在西长沟的村口等候。将近一个小时后他们才到,鼓号队吹迎宾号,师生喊欢迎口号。王德育及几个日本兵大摇大摆地从我们面前走过,还不时地向我们招手致意。当时给人的印象是中国的伪政权简直是奴颜卑膝,日本侵略者不可一世。

三、在小学设置日语课,学唱日语歌曲。在长沟小学,三、四年级设了日语课。说是学好了日语,将来跟日本人打交道更方便,当时教我们日语的是一个青年教师,说一口流利的日本语。这个日语教师一心倾向日本,教课方式,要求学生死记硬背。……

学校规定,在校老师和学生必须学会唱日本国歌,这是上边的要求。那时,我们天天必唱日本国歌,以致现在我还记得开头一句歌词大意是歌颂天皇的。我们还学唱过"新民会会歌",这支歌也是宣传"东亚共荣"的。

四、组织小学生参观日军武装演习。我的家乡属日伪天开乡管辖,天开乡驻守许多日本武装部队,日本兵经常在大场院里进行练兵活动,学校就组织老师学生去参观。给我印

第三章　图谋泯灭中华民族之魂的恶毒手段

象最深的是看日本兵练刺杀。两排日本兵，面对面地列队，每人手持长柄木枪，互相向着胸部戳刺，每个日本兵胸前都有护胸板，互相戳杀时发出刺耳的响声。有个别的不用力，教官就将他拉出队列，狠狠地打他嘴巴。被打的日本兵，越挨打，越要在教官跟前站立，等着再打。看了这场面，我们深感日本人真凶啊！

....

六、参加日伪举办的运动会。我参加过两次较大规模的运动会。一次是1942年夏季。驻天开乡的日军出动两辆卡车，把尤家坟、五侯、岳各庄、周各庄等村的学生，运到涞水县的娄村，行程100多里，参观日军在娄村举办的运动会。这个运动会的参赛者，有日本人，也有中国人，由田径运动员做表演。运动场面很大，除成千的观众外，运动场四周，全都用苇席圈起来，上面贴满了诸如："中日提携！大东亚共荣！剿灭共匪！和平建国！"之类的标语。另一次运动会是1944年秋天，房山县举办的全县小学生运动会。运动会项目很多，远道而来的运动员，管吃管住；竞赛优胜者，都获得了奖品，第一名都得了银盾。搞这样的"运动会"，无非是企图给人一个日伪政府"很关心青少年的体育锻炼"的印象。❶

日伪组织学生去观看运动会和参观日军演习都有一个重要的目的，也是日本思想战的内容，令中国学生产生自卑心

---

❶ 北京市政协文史资料委员会：《日伪统治下的北京郊区》，北京出版社1995年版，第306－308页。

理，自愧不如日本人的素质，从而崇日媚日，这才是组织者希望达到的效果。

（六）伪教育厅配合奴化教育的举措

1940年伪华北教育总署制定的各级学校教育方针，是奴化教育的具体化，河南沦陷区据此推行奴化教育，做了不少丑恶活动，欲使各级学校学生思想受到更大毒害。此前，社会教育机关很少恢复，推行奴化教育只在学校中进行。1940年起，省县社会教育机关渐次成立，推行奴化教育普及到全社会。

1942年河南省伪教育厅领导力量增强，学校及社教机关不断增加扩充，教师不足的问题提到日程上。

1. 为学校搜罗、培训教员

上文讲过日语教师队伍组建培养的大致过程，然而学校还有其他科教师，这些师资怎样解决呢？在沦陷初期，绝大部分知识分子特别是青年知识分子都逃往抗战区。日伪政权想恢复学校教育，为学校培养合格奴才，苦于找不到学校教师而迟迟难以实现。以当时河南省会开封为例，开封市"维持会"成立不到一星期，即按照其日本主子的指示，贴出布告，进行学校教职员登记。凡登记人员经审查合格者，发给合格证明，在未分配工作前，先行发给生活维持费。只要是沦陷前的学校教职员，即认为合格，原则是职务仍旧并酌加薪金，条件并不严格。即便是这样，布告贴出后十多天，前往登记者极少。伪维持会又在报纸上发新闻、登广告，效果仍然欠佳。沦陷后一个多月，勉强凑了四五十人，分配到五所小学内，奴化教育才算开张。在外县，师资更是缺乏，小

第三章 图谋泯灭中华民族之魂的恶毒手段

学的开设，大多在沦陷数月以后，中学约在沦陷后的第二年以至第三年才开设。

解决问题有治标和治本两个办法。治标是为着急切需要，他们开办了一所师资训练所，招收具有中学文化程度的失业青年，靠培训班提高业务水平和灌输奴化教育思想，这个训练所对培训师资、代日本侵略者推行奴化教育，起到一定的作用。

创立各级师范学校是解决师资问题的根本方法，因没有合格的师资，师范学校的创立到 1940 年以后才逐步实现。省立开封师范学校是日伪时期规模最大的师范学校，初高级全有，还办过两个属于专门学校性质的师范专修班，招收高中文化水平的青年，学习一年毕业后，有资格教高中。高级师范招初中毕业或有同等学历学生，初定为两年毕业，后延长为三年。初级师范招收高小毕业学生，毕业后任小学教员。毕业学生大部分接受奴化教育方针，会几句日本语，日本人认为还不错，都按规定分配了工作。这所学校，先后毕业充当初中及小学教职员者达四五百人。

1942 年起，各县也都办起了师范学校，都是初级师范或简易师范，多者两个班，少者一个班，最多也不过三个班，经费少，师资缺，成绩欠佳。全省沦陷区各县，办起师范学校的有三分之二，毕业学生总计 2000 余人，是日伪时期小学教师的主要来源。

沦陷区的高级中学的师资，大部分由北平师范大学毕业的学生和国民党时期的老教师担任，省立师范特别是师范科毕业的学生，不受欢迎，能入校任课的很少。

日伪时期的中小学教育，1939～1944 年，学校数和学生

文化侵略

数逐年增加，1943年暑假期间据伪教育厅所作的统计，全省共有中学学生（初高中合计）4200余人，小学学生近30万人。仅开封、商丘、新乡、安阳设有高中，其他各县均有初中，有少数县初中也没有成立。小学男女合校，中学分校，仅开封市内有省立女中和教会办的静谊女中，这两所女中共有学生五六百人。

日伪时期对技术、职业学校特别重视，这是日本战时的特殊需要。日伪时期的技术教育，主要是创立医学专科学校。

1942年，河南省伪教育厅提出在开封筹建医学专科学校，得到日本当权者和伪省长陈静斋的大力支持，责成专人筹备。1943年春，招收了40名学生，有日本籍也有中国籍教授、副教授给学生授课，他们教学相当认真，医院设有门诊部，为市民看病，也是学生见习的场所。

怎样看待这一时期的教育？从学校、教师、学生数量上看是发展了，但从教育方针上看，学校性质有变，学校正在成为奴化教育的工具。为解决这一根本问题，在沦陷区、国统区、解放区正在开展一场没有硝烟的反奴化教育的斗争。

2. 把奴化教育延伸到社会

对于各项社会教育，日伪统治者也相当重视。伪教育厅组织中，社教科和学务科并列，是一个很好的证明。不过就省教育经费来说，用作社会教育经费的，不到用作学校教育经费的十分之一。各县社教经费为数更少。县社教机关数目虽是不少，但多是虚有其名，收效不大。河南省社教机关和经费实有多少，月支经费若干，从业职工多少等，据1942年伪教育厅所制成的河南省社会教育机关调查统计表记载：

第三章 图谋泯灭中华民族之魂的恶毒手段

当时全省有省立社教机关共 14 类，计 881 处，每月共支经费 14 128 元。每一机关人数最多的 15 人，最少的 1 人，有不少没有专职人员。省办社教机关规模最大的是省立图书馆，每月经费 1750 元，有职工 17 人，男 15 人、女 2 人，每月入馆阅览人数 2900 多人次。其次是市立图书馆，月支经费 1545 元，有男职工 13 人，每月入馆人数 1600 多人次。省立体育馆，每月经费 717 元，馆长由伪教育厅社教科体育股股长兼任，有专职人员 6 人，每月入场人数无定数。这三个社教机关，在日伪时期都有较多活动，也起到一定作用。日本头目们对体育活动相当重视，1940～1944 年，每年春季都召开全省运动会。各种球赛如乒乓球赛、篮球赛，每年都举行多次，他们认为给他们当奴才，也要有健壮的身体，况且通过运动也借机推行奴化教育，让人觉得日本民族是优秀民族，重视健康生活。

　　阅览处、"新民"茶社、公共体育场、"新民"问事处、"新民"代笔处、"新民"问字处、"新民"识字班、古物保存会等十多种，凡以"新民"二字冠首的机关，虽支用社教经费，名为伪教育厅的附属机关，实际上一切活动必须听命于"新民会"，推行对群众的奴化教育，是这些机关的共同目标。这些机关的伪职员都是七拼八凑的，薪金很少，多数是兼职，品类不齐，虽使用人员总数不算少，但力量不集中，没干出什么名堂。各"新民"教育馆开过的几次展览会，多是为敌伪唱赞歌的活动，对参观者起到了一定的欺骗作用。各县的社教机关，因资金不足，缺乏人手，日伪时期

的社会教育比较于学校教育相差殊多。❶

社教工作难以开展的主要原因在于因战争社会经济遭到严重破坏所致。华北大小市县出现工厂倒闭、商业萧条，失业人员流浪街头，群众生活极端困难，民生悲惨，甚至大量人口死亡，据报道，当时日均死亡人数多达数百人。在这种情形下，群众怎能到图书馆、展览馆等社教机构去接受奴化教育？反之，如妓院、大烟馆、酒楼、剧场、影院等出现畸形的繁衍现象，为腐朽生活服务是殖民地经济的反映。同时，社教工作以"新民会"当主宰，抓紧对学校师生的奴化教育才是重中之重，而社教难以发展，力不从心。

（七）奴化教育的实质是中国殖民地化

何为殖民地化？历史告诉人们，资本主义、帝国主义强国，依仗其政治、经济、军事力量的优势任意侵占小国、弱国，野蛮剥夺他国的各项主权，人民则失去了思想自由，失去了独立人格，任人宰割，变成被奴役、驱使的奴隶。

华北沦陷区处于被殖民地的境地，亲历者纷纷发声控诉。下文将再提延庆县的文教情况。

抗战期间，延庆县处于伪满、伪蒙疆、华北区的结合部，贫困落后，基础教育条件差。

日军占领延庆之后，除在政治上严加统治、经济上残酷掠夺外，大力开展奴化教育，日本帝国主义到处宣扬什么"大东亚共荣圈""王道乐土""日察如一""日满一体""民族和谐""铲除共党""民生向上"，咒骂共产党八路军

---

❶ 邢汉三：《日伪统治河南见闻录》，河南大学出版社1986年版，第117－119页。

第三章 图谋泯灭中华民族之魂的恶毒手段

是"青面獠牙的魔鬼""杀人放火的强盗"。通过各种渠道向老百姓灌输这种反动思想,挖空心思地企图泯灭中国人的民族意识。有的青年人竟不知道自己的祖国,称中日战争是"皇军"来"剿共讨蒋"的。人民的言论自由被剥夺殆尽,若对"皇军"表示稍许不满,则严加镇压。日本帝国主义还实行一种小恩小惠的"怀柔"政策,妄图麻木中国人民,特别是青少年儿童的思想,如送给小孩糖块吃……

日军的奴化教育在学校教育中抓得很紧,要求极严。首先是训练小学教员。每年暑假将小学教员集中到延庆城集训,或半月,或十天,由日本人授课,灌输"大东亚共荣"和"王道乐土"的反动思想,伪教育股长(科长以下是股长)王子修和王翻译竟向教师说:"日本人是咱们的亲爹娘,是我们学习的榜样。"并要求他们学习日语,以便对学生进行教育。学校课程都是伪政府编印的适应奴化教育的教材。各年级都有日语课。日常生活如上下操、上下课、集会,都必须使用日语喊口令或向老师问好。迎接伪政府官员和日本人到校,打日本旗和伪蒙疆旗,喊日语口号。不讲中国历史地理,大讲"明治维新",教室布置也要适合奴化教育,挂日本旗帜,贴"王道乐土"的标语。日军占领初期,将伪察南政府的四项反动纲领配画张贴在教室和学校的墙上。如"铲除共党"画的是一个红脸巨齿的小人;"民族和谐"绘成日、"察"二人紧紧握手。四项反动纲领还要学生每天喊几遍,牢牢记在心上,时刻不可忘记。

日本帝国主义的奴化教育不可能如愿奏效。具有民族意识的一些教员暗中抵制,不堪忍受奴化教育的学生常常逃学,永宁小学和延庆小学都有少数高年级学生秘密接受共产

文化侵略

党的教育而离开学校,参加抗日活动。人民群众和青少年仇恨日本帝国主义的思想一天天在增长。❶

通过以上揭露控诉,我们对日本在华北各级学校推行的奴化教育可以有一个比较具体的了解。奴化教育的基本内容、根本目的充分体现了日本帝国主义的本性。他们通过什么样的手段实现自己的目标,从各地方的揭发控诉里我们能够归纳出以下几点。

(1)法西斯式强权政治手段。沦陷区的中国学校大都被日本教官掌控,他们强制学生接受奴化教育思想的灌输,诸如"大东亚圣战""中日亲善""反共剿共",等等。为此,他们卑劣地偷窥或"听窗根",这是特务活动手段;勒令学生互相监督检举,这是敌人的分化手段;让校长填写"反共志愿书",这是以命画押;对不满分子、有反日思想的人员,轻的抽嘴巴罚跪,重则拷打、灌辣椒水,甚至暗杀。以这样野蛮、强暴的办法统一他人的思想意识,驯服他人的心性,正是法西斯强权的特征之一。日本教官还令学生参观日军暴烈的军事演习,以此威吓中国学生。学校本是青少年的天堂,但学校氛围不时地充斥恐怖。

(2)以所谓"同文同种"骗取"亲善"。在学校里、在社会上,日本人总是道貌岸然地说日本与中国"同文同种",作文比赛也有这一选题。他们向学生灌输"唯神之道"的理念,日本课本宣讲"天照大神",说"中国也源于天照大神"。学校每天有"朝会",就是每天向日本天皇朝拜。学

---

❶ 北京市政协文史资料委员会:《日伪统治下的北京郊区》,北京出版社1995年版,第182页。本次引用时,略有调整。

第三章 图谋泯灭中华民族之魂的恶毒手段

校每天还要唱日本国歌,见到日本兵要鞠躬。凡此种种,都是日本教官为宣扬"中日亲善"服务的,欲使中国青少年误认中日一家亲,泯灭中国学生的中华民族独立的思想意识。

(3)篡改、玷污中国传统文化。侵略者的逻辑就是被侵略者当亡国奴就得忘记本国原有的文化。丑化、弱化、篡改他国文化,成为必要的无耻行为。在沦陷区,日方任意删除学校原有教材内容,封锁中国历史知识,歪曲本来面目。他们讲地理课,注重介绍日本的风土人情,他们印制的日本地图把中国东北三省囊入图中。"四书"是中国优秀文化组成部分,儒家经典在历史上发挥了凝聚民心、凝聚复兴统一国家的作用。但日本将其完全看作民族落后意识的产物,可用作磨灭中国人民反日情绪、隔断人民与共产党情感的一种工具,妄图颠覆"四书"在提高民族道德观念、爱家、爱国方面的价值。与此同时,日本在中国极力普及日语,为进一步向中国推广日本文化做准备。这清楚地表明,日本军国主义者最终要用日本文化取代中国文化,把中国殖民地化。

(4)腐化、奴役中国青少年。日本人在学校不允许中国学生学习、阅读中国优秀文学著作,包括鲁迅笔锋犀利的杂文作品。反之,让中国学生放开阅读日本书籍,还可以看日本的淫秽电影,听日本的靡靡之音,以此磨灭中国学生的斗志,令他们性情低俗、不关心政治,甚至忘记自己是中国人。此外,日本人为了当地日军的供给竟役使中国学生种稻子,或从事其他服务性劳役,这就是所谓"勤劳奉仕"。学生却吃不饱,还要挨打受处罚,有的日本教官要女学生侍候自己,女学生常遭奸辱,失去自尊,精神低迷。这自然也引起了中国学生存于内心深处的仇恨,有的甚至不得不从学校逃脱，另谋新的出路，或者勇敢地到边区政府去参加抗日运动。

四、不见硝烟的奴化与反奴化的尖锐斗争

第二次世界大战期间，关乎中国生死存亡的不仅有日本强大的军事侵略手段，还有日本卑鄙的奴化教育这种文化侵略手段。进行奴化教育虽然是没有硝烟的战争，但仍然十分残酷，因为一个民族的思想灵魂正在遭受毒化、腐化、同化。虽然日本军国主义的奴化教育还只限于中国的局部地区，但如果放任其横行，将像毒菌一样蔓延开来，会陷国家于毁灭之灾。面对日本军国主义的奴化教育，无论在中国的沦陷区、国民政府的统治区，还是在敌后抗日根据地，广大师生由于受中国传统文化的熏陶，爱家爱国的民族意识或深或浅地默化于心中，他们以不同方式表现出反奴化教育的斗争精神。

（一）沦陷区师生无言的、变相的抵制或抗争

在日本霸道的政治高压政策之下，中国各级学校只好照常开课，教师只好照本宣科，学生只好无奈地被迫学习。但是，有压制就有反制，有压迫就有反抗。北平孔德学校是由蔡元培于1917年创办、以法国哲学家孔德的名字命名的，办学注重科学精神。北平沦陷后，学校为维护原有教学秩序，千方百计与敌伪势力进行斗争。当时日伪教育局令学校三年级以上都增添日语课，日语教员由日本人担任。以"自由、平等、博爱"为宗旨的孔德师生感到这是耻辱。时任校长沈令扬拍案而起，坚定地说："不能让日本人进入孔德大

第三章 图谋泯灭中华民族之魂的恶毒手段

门!"于是与伪教育局多次交涉,自称本校原有早年北大日语系毕业的教员,不用日本人进校,当时态度极为坚决以示抵制,伪教育局只好让步。该校原有日语教员采取经常请病假的办法,不正常上课。在日本人无处不横行的北平,孔德学校这片小小的校园得以保持干净,一些爱国抗日志士也被保护下来,李大钊先生的遗孤和他的重要遗物都在孔德学校安全度过了这段最险恶的沦陷期。❶

孔德学校位于当时北平的市中心,即今故宫东门附近的东华门大街左侧,是市内著名的学校,竟如此勇于反对日本人进校教日语,出乎日伪当局意料。因怕引起社会连锁反应,日伪当局也只好答应。孔德学校的斗争彰显了鲜明的反抗日伪奴化教育的坚定意志。

反抗奴化教育的斗争同样发生在天津市。七七事变后,天津市被日本侵占成为沦陷区,种种凶恶残暴的罪行频频发生,肆虐津城。日本的奴化教育激起广大师生的愤怒。据《津门旧恨——侵华日军在天津市的暴行》一书记载,日伪政府下令:凡有中国国旗标记的图书读物、有三民主义内容的书籍都列为禁书,通令各学校禁用旧课本。1937年10月中旬又令各机关、学校取消一切纪念日,要悬挂孔子圣像,祭孔子诞辰。还要删减课本、删改中国地图、增设日语课、颁发"反共"训令。面对如此强大的压力,耀华中学校长赵天麟毅然联络几所学校校长,如法汉中学、新学中学、广东中学等校长召开秘密会议,商讨如何对付日伪的奴化教育。到会的约有50位校长、教师。赵天麟坚定地说:"现在国难

---

❶ 毕桂馥:"沈令扬在孔德学校",载《时代潮》1998年第6期。

文化侵略

当头,我们勿忍倭奴侵占我华北领土,我教育界为四万万同胞的先导,我等为高尚知识分子,要宣传抗日,不应坐视倭奴以我华人当犬马。永不当亡国奴,爱国抗日到底。"会上,当即与几位校长共同决定:(1)继续用旧课本,绝不更改有三民主义内容的教科书;(2)各校学生抗日爱国到底,一律不准买日货;(3)从即日起,增加军训一小时。❶显然,这是一次抵制奴化教育的会议,是一次勇于和日伪进行抗争的会议。

抗战初期,天津的英、法租界尚未被日寇占领,但租界内有许多日伪特务进行秘密活动,他们可以探知租界内情况,而统治租界的仍然是各租界国家,这里的耀华中学、新学中学、广东中学就活跃在租界内,赵天麟借助这一有利条件,积极进行反日活动,租界内的特务、警察不断把他的抗日言行报告给日本特务机关,但赵天麟在市内声誉很大,日寇一时无可奈何。被激怒的日寇终于阴险地设计了鄙劣的暗杀计划。赵天麟家居英租界,每日早晨离家去学校工作,1938年6月27日,在去学校的途中他竟被日本特务连开四枪而倒在血泊中。这个事件震动津门,激起了人民更大的反日浪潮。无疑,赵天麟是因抵制日伪奴化教育而壮烈牺牲的英雄。

抵制日本的奴化教育决不是仅有孔德、耀华两所学校,它们只是众多县、市、乡众多学校中的两个典型。从上文节录的回忆录中可知:沦陷区的反奴化教育已使日伪当局坐立

---

❶ 参见津档3-4-514。广濑龟松:《津门旧根——侵华日军在天津市的暴行》,天津社会科学院出版社,1995年。

第三章 图谋泯灭中华民族之魂的恶毒手段

不安,以致他们强迫学校填写"反共誓言"书。对于广大师生则实行相互检举的制度,还用"跟踪""听窗根"等手法进行监视,对学生拳打脚踢,奸淫女学生的事更是层出不穷。有的学生忍无可忍,勇敢离校奔赴抗日前线。老师们敷衍对付,人在校而心不在,更有激愤者带领部分学生投笔从戎,组成抗日游击队,如太原咸成中学就发生过这样激动人心的事。❶ 中国师生反日本奴化教育不是偶然的,而是通过斗争实践民族意识不断增强、提高的必然结果。

(二)国统区迁校扩校,为战时、战后造就和储备人才

战前,国民政府有自成体系的教育体制。七七事变后,城市学校最先陷于难以自保的处境,日本人认为,学校特别是高等学校是抗日情绪最高涨的地方,因此大学成为日本破坏的首要目标,北平、天津等地的知名大学更是危在旦夕,如此,迁校成为必选。在华北,事变当年,国立北京大学、清华大学、私立南开大学经教育部安排,三校一起南迁,先组成长沙临时大学,后再迁至云南省昆明市,合组为西南联合大学,简称"西南联大"。同时,北平大学、北平师大、北洋工学院三校迁到陕西汉中,合组为西北联合大学。还有其他学校,如燕京大学迁至成都;北京协和医学院护士学校迁至成都,等等。

各学校坚持原有的校风、校训,在抗日爱国精神激励下,南迁数年,培养了大批为抗战服务、为战后国家发展服务的毕业生,许多专家学者也取得了重大的科研成果。以西

---

❶ 中共河北省委党史研究室等:《华北抗战实录》,中共党史出版社 2005 年版,第 107 页。

文化侵略

南联大为例,理工科类如苏步青的《射影曲线概论》、周培源的《激流论》、华罗庚的《堆垒素数论》等,文史类如冯友兰的《新理学》、汤用彤的《汉魏两晋南北朝佛教史》、陈寅恪的《唐代政治史述论稿》等。❶ 西南联大化学系主任杨石先回忆说:"师生们怀着救国救民的理想走到一起。"有一青年追问他,西南联大条件这么苦,为什么涌现出这么多优秀师生和成果?杨石先激动地说:"因为师生们都关心祖国的前途命运,恶劣的环境磨砺了大家的意志。同学们怀着中兴之志刻苦读书,许多人的论文是在茶馆里完成的。"❷ 当时,科研、教学条件难以言状,宿舍拥挤简陋,警报、空袭成常态,有时校舍被炸成一片废墟,只好迁往乡村,白天不能上课而改在晚上。学校经费不足,一些教授不得不摆小摊补贴家用。面对敌机的轰炸,看见人民在流血,反而激发了师生的爱国热情,西南联大工学院师生为云南省战时、战后的交通、水利、纺织业、化学工业献出了自己的才华。学生们不仅参加军训,政府征召译员为作战美军服务,西南联大学生应征人数总是超出分派定额。对于师生为抗战服务的高涨热情,有一位美国学者回忆说:"联大学生积极回应日本人的挑衅。空袭破坏了他们的校园,打乱了他们的时间表,也迫使他们四处活动,激发青年人特有的积极性。在抗战时期,爱国主义情绪曾驱动学生走上北平街头,在1935年著名

---

❶ 金以林:"战时大学教育的恢复和发展",载《抗日战争研究》1998年第2期。

❷ 王文俊:"杨石先",载《中国现代教育家传(第二卷)》,湖南教育出版社1986年版,第227-228页。

第三章 图谋泯灭中华民族之魂的恶毒手段

的'一二·九'运动中抗议日本的侵略;现在,这种情绪又激励起来了……学生们积极扩大反日宣传,谴责汪精卫向敌求和,唤起滇中城乡人民支持抗战。学生们通过墙报、传单、小册子和话报剧表达他们的爱国思想,更多是为抗战筹款。体重不足和营养不良的学生仍自愿献血。"美国是"二战"对日的参战国,这位美国学者的感慨真实地表明西南联大师生的心灵支撑就是自己的祖国。当战争结束的时候,参军学生中一些人正在美国受训就留在那里取得了学位;有的则移居台湾;还有的回到了大陆,为新中国服务。❶

战后,西南联大还有一大批知名学者专家教授如华罗庚、茅以升、竺可桢、周培源、严济慈、卢嘉锡、金岳霖、吴晗、陈寅恪、费孝通、吴有训等,1946年返回华北院校,历经抗战洗礼之后又投入全新的教学、科研工作中,继续为祖国服务。

国民政府在抗日战争时期对教育事业的恢复发展给予重视,截至1945年,全国专科以上学校增至141所,比1936年增长30.6%;专科学校增至52所,比1936年增长73.3%;研究所增至49所,比1936年增长30.6%;在校学生总数增至83 496人,为1936年的2倍,毕业人数增至14 463人,比1936年增加58%。❷

对于中等学校,政府也采取了积极措施,首先大量收留

---

❶ 易社强:"抗日战争中的西南联合大学",曾景忠、符致兴译,载《抗日战争研究》1997年第1期,第213页、第219-220页。

❷ 《第二次中国教育年鉴》第14编"教育统计",商务印书馆1948年版,总第1400页。

文化侵略

流亡学生给予复学安置。为解决战争造成的贫困，政府先实行贷金制，不久全面推行公费制。同时，为适应对日作战需要，对课程标准作了新的修改，加强了中国史的教学内容，等等。中等学校规模不断扩大，1937年因爆发战争，学校锐减至1240所，但到1945年，中等学校反增至3727所，学生数量达到1 262 199人。❶

（三）抗日根据地的教育注重提高群众文化水平和民族意识

中国共产党建立的边区抗日根据地革命政权，即民族革命阶段的统一战线政权，尤其强调对国民进行发扬民族气节的教育以此粉碎敌寇的文化欺骗宣传。1942年1月15日，晋察冀边区行政委员会在一份《告全边区同胞书》中指出："我们全边区的同胞都是黄帝子孙、中华儿女，对于抗战胜利有坚强的信念，对民族、国家有无上的忠诚。为此，我们号召：普遍开展国民誓约运动，加强国民教育，提高学校教育，高度发扬我同胞的优良品德与民族气节。"❷《告全边区同胞书》高调号召民众发扬中华儿女固有的民族气节，是因为我们面对的是有亡我之心的异域外族——日本人的侵略。彭真同志在1939年《中共中央北方分局党代会上关于新阶段的诸问题结论报告》中尖锐地指出我们为什么要"坚持持久战，战胜日寇"，是"因为日寇剥夺了我们的民族独立，

---

❶ 《中华民国史》，商务印书馆1948年版。

❷ "晋察冀边区行政委员会成立四周年纪念告全边区同胞书"，载谢忠厚、宋学民：《晋察冀边区民主政权建设文献选编（中册）》，中共党史出版社2013年版，第418页。

第三章　图谋泯灭中华民族之魂的恶毒手段

所以我们要向日寇争回民族的独立，日寇又企图把我们全国人民变成它的奴隶，所以我们要向日寇争回民权自由"❶。在这种具有强烈民族独立意识的思想指导下，边区政权的教育思想、教育制度也有别于国统区的原则、制度，这主要体现在群众性和彻底性上。

1. 边区政府的教育布局和教育思想

以华北晋察冀边区为例，边区根据地教育布局如下："在提高国民文化水准及民族觉悟的目标下，实行普及的义务的免费的教育，建立并健全学校教育，至少每行政村设一小学，每行政区设一完全小学或高小，每专区设一中学，高小及中学应收容半工半读生；建立并改进大学及专门教育，加强自然科学教育；优待科学家及专门学者；开展民众识字运动和文化娱乐工作，定期逐步扫除文盲。"❷ 边区政府的教育布局从基层群众的扫盲到中小学，直至高等学校，做这一设计布局的目的是"提高国民文化水准和民族觉悟"。这清楚表明，边区政府在教育领域和日本的奴化教育做了彻底的切割。全民族的觉醒特别关系到中国儿童、青少年的思想意识的健康成长。1940年7月，《晋察冀边区抗日儿童团工作纲领》规定：团结全边区儿童打日本救中国，不妥协，不投降，把日本赶过鸭绿江；推动边区抗战教育，努力学习抗

---

❶ 谢忠厚、宋学民：《晋察冀边区民主政权建设文献选编（上册）》，中共党史出版社2013年版，第125–126页。

❷ "中共中央北方分局关于晋察冀边区目前施政纲领（1940年8月13日）"，载谢忠厚、宋学民：《晋察冀边区民主政权建设文献选编（上册）》，中共党史出版社2013年版，第319页。

文化侵略

战建国的知识和本领;粉碎日寇、汉奸对儿童的奴化教育及顽固分子、投降派的反动教育;开展儿童的军事体育训练,在集体生活中养成团结、互助、活泼、友爱、民主的习惯;动员儿童参加各种救亡工作、慰劳军队、站岗放哨、送信、引路、生产,动员壮丁入伍,规劝家长救国,进行各种宣传;保障儿童参加救亡活动的完全自由,领导儿童学习参政、参加民主斗争等。❶

边区政府的教育有两个突出特点:一是教育对象层次分明,凸显了广泛的群众性;二是教育的目的是提高国民文化水平和民族意识,与日伪的奴化教育针锋相对。

2. 敌我截然不同的办学目的、方式

日伪办学目的是变中国为日本的殖民地,而抗日边区政府誓言救亡图存,将日寇赶出中国,反映在文化教育上,自然誓不两立,有天壤之别。

1943年是抗日最艰苦的时期。日本为了实现永久霸占中国的梦想,大肆推行奴化教育。敌人使出了各种手段,但往往徒劳无功。具体情况怎样?平谷夏各庄日本守备队长野吕想把附近几个村的孩子集中到夏各庄入学,推行奴化教育,将炮楼下几户逃亡在外人家的房子改为教室,强迫各村保长找回各村原有的教师到据点来"集训",务于当年3月15日前到夏各庄伪警察分驻所报到。结果,只有7名教师在"维持会"住了两天。一个"新民会"的"科长"对大家讲了一次话,不外是鼓吹"中日亲善",建立"大东亚共荣圈"

---

❶ 谢忠厚、宋学民:《晋察冀边区民主政权建设文献选编(上册)》,中共党史出版社2013年版,第305页。

第三章 图谋泯灭中华民族之魂的恶毒手段

之类,然后由"校长"领7位教师去了学校。学校共有300多名学生,均系强迫而来,又多是一、二年级的娃娃,由平谷日语学校送来两本日语课本,可教师都不会教,野吕到各教室"督察"过一回,也没有办法。又因多数学生没有桌凳,学校逐渐垮台。后来日本人派"维持会"把王都庄、贤王庄、张各庄、杨各庄、安固等地原来小学的桌凳都拉到夏各庄学校,二次通知各村学生上学。可家长都不愿意孩子去上这种"学校",学生也设法躲避,加上鬼子伪军不断讨伐、抢粮,任凭保甲长挨户督促,上学的学生仍是寥寥无几。同时,平谷各据点如胡庄、南独乐河、东高村的敌人也都办了类似的"学校"。尽管敌人挖空心思,使尽手段,这些所谓的"学校"都是苟延残喘,有名无实。随着抗日战争形势的发展,抗日根据地不断扩大,敌人控制的地区越来越小,日伪苦心经营的这些"学校"也就相继垮台了。❶

可以说,抗日战争时期,日寇在平谷推行的奴化教育因群众的自觉抵制而完全是一场徒劳。而抗日民主政府领导下的解放区教育事业则根本不同,从无到有,从小到大,逐渐蓬勃发展起来。下面是亲历者吴郁周的回忆,从中可以看出平谷、三河、蓟县的教育发展情况。

各级政府组建一所学校,教师和校舍是两大问题,抗战期间在农村办学更是困难重重。

---

❶ 北京市政协文史资料委员会:《日伪统治下的北京郊区》,北京出版社1995年版,第418-419页。

文化侵略

（1）抗日政府集训教师。

1944年，平三蓟联合县政府为发展根据地的教育事业，举办第一期小学教师训练班，由各区民政助理通知各村教师，6月1日前到太后村集中。尽管当时环境尚未完全好转，敌我斗争仍很残酷，平谷城南仍有11名教师积极报名参加受训。据亲历者吴郁周说，他就是其中的一个。当时的训练班不到30人，顺义、三河仍有教师陆续报到。一个星期后正式开了课。学习科目有《新民主主义论》及社会发展史等。从6月20日到8月25日，共学习两个月，最后在驻马庄举行结业仪式。结业后，学员各回区里分配工作。……区教育科徐进科长在学习班毕业总结大会报告中，向全体学员提出了今后的工作任务：一要做好抗日救国的宣传工作；二要组织儿童团，发动儿童配合抗日，做力所能及的工作；三要根据季节情况，因地制宜地组织成人干校或夜校，举办农民扫盲班或识字班，采取来者不拒，不来者送上门去的办法，大力开展乡村文化教育，彻底粉碎敌伪奴化教育，向学生进行爱国主义教育，向群众宣传中国共产党和边区政府的方针政策，使学校成为宣传抗日的阵地。

抗战是激烈的，有时打拉锯战，学校该如何应对？

（2）敌情好转小学复课。

1944年6月的熊儿寨北土门战斗，使敌人受到严重的打击。之后，平谷各敌据点纷纷撤回城里。被敌人破坏的各村小学，凡有条件的都已复课，多数村成立了儿童团，到处能听到儿童的抗日歌声。这些在日寇蹂躏下长大的孩子们，渴望学习，向往光明，教师的积极性也很高。为了尽快发展根据地的教育事业，凡是由平三蓟联合县政府训练班回来的教

第三章 图谋泯灭中华民族之魂的恶毒手段

师,尽先分配到各山区小学。吴郁周就是在那时分配到井峪当教师的。井峪地处山区,是个只有100户人家的穷村,这里一直是我方根据地,群众对敌斗争坚决,学习的积极性也很高。

当时的工作人员没有工资,享受供给制待遇。吴郁周住在老教委孙英家里。旧校址破烂不堪,他们就把校址改在大庙里,把佛殿改为教室。因为村里的好房子全被鬼子烧光了,实在没有可做教室的地方。当天就动员民兵搬走佛像,又在佛殿里垒一些砖台当桌子,搭上木板当座位,两天后教室就准备好了,10月1日正式开学。可是到校学生人数很少,根据全村学龄儿童统计,还不足20%。一位萧老大娘说:"我的孩子没做上衣服,可孩子到学校要拜圣人,拜老师,光着身子怎么行?还是过几天再去吧。"几户学生家长都这么说。当时由于敌人的摧残,群众生活十分困难,连破旧衣服都穿不上。村支书王英文马上通知召开群众大会,他在大会上说:"我们井峪过去开不了学,是因为穷,请不来教师;今天共产党为我们穷人求解放,抗日政府给我们派来了老师,教我们穷孩子读书识字,大伙儿都要积极参加!"经支书的动员,到10月3日小学生增到47名。

井峪村有17位外地军属和本村一些十七八岁的姑娘也都要求学文化,于是,村里组织了一个妇女识字班,共有24个人,每天上午学两小时。当时的课时安排是:早7点至9点幼儿上学,9点至11点妇女识字班上课,下午半天都是小学课程。当时没有课本,完全是自编教材。先学写数目字和自己的名字,然后根据村中对敌斗争和生产活动编写教材。因为是初学,所以尽量找些笔画简便的语句,如:"日本来

文化侵略

了，民兵上山""小工一天三斤米……"由简入繁，由易到难，再后来就抄写标语口号。学习方法是每人一本练习簿，教师先写出字，教会笔顺后，学生抄在本上回去练习。有一位十二团的家属，同学都叫她白大姐，29岁，还带一个两周岁的娃娃，学习特别积极，上课从不迟到，自己练习也非常用功，成为妇女班最优秀的学员。她原是文盲，经过一年学习，后来随军走了，仍然坚持自学。1952年，吴郁周收到她写来的一封信，信中说了很多感激老师的话。她已经在秦皇岛市一个工厂当了会计。她说她永远也忘不了在井峪识字班的学习生活。

  1945年春季，敌人垂死挣扎。一天，峪口敌人出来抢粮，西边发现敌情，吴郁周回忆说：我就领着学生，带着黑板和学习用具，越过北山，选了一块树林平地，挂起黑板来上课。到中午，有民兵报告说敌人仍在杏园一带活动，我们不能回村。午后，村干部领着我们到挂甲峪吃一顿饭，是村里特意为我们安排的。村党支部很关心学校。由于敌人的封锁，学习用品十分困难，村党支部向上级申请，把公家寄存在井峪的文具供学校使用，粉笔、铅笔、作业本都得到解决。儿童团自动组织割绿肥1000多斤交给村里，以表示大家心意。这事得到村支部的表扬，还评选了几位模范儿童团员。

  有一次，专署一位领导来查看学校自编教材和学生成绩，还找了两个优秀学生谈话。这两个学生都是赤臂光足的儿童，他们的作业本，都是废纸订的。这位领导了解到这些很受感动，赞扬同学们艰苦奋斗的学习精神。季宁县长还在大会上表扬过井峪的学生。1945年3月，县里印出新编的小

第三章 图谋泯灭中华民族之魂的恶毒手段

学课本,发放到全县各小学,井峪小学也得到了油印的国语和数学课本。❶

从这份回忆看,刻苦的儿童团员给人深刻的印象,在对敌斗争十分严峻的形势下,在村支书和群众的支持下,学生们坚持刻苦学习的精神充分体现了敌后根据地生机勃勃的教育局面。

(四) 紧紧围绕抗日中心的特色学校教育

1. 抗日高小是培养抗日干部的摇篮

按中国原有教育体制,小学分初级和高级两部分,高级小学简称高小。七七事变后,河北赞皇人民在中国共产党的领导下,建立抗日政权,组织农民自卫队,发动工农青妇各界群众抗日,群众抗日运动轰轰烈烈。为适应变化了的新形势,边区赞皇抗日县政府于1938年夏在院头镇原县立第二高级小学旧址,成立赞皇县抗日高级小学(简称"抗高"),这是抗战爆发后中国共产党创办的一所新型学校,"新型"新在哪里?它直属抗日县政府领导,其宗旨是学习政治、学习文化,宣传抗日救国,培养革命干部。学校由县教育界一批知名知识分子任教,先后有十几位教师任课。在教材方面没有正规课本,都是刻蜡纸翻印讲义,如政治课刻印《论持久战》《抗日民族统一战线》《抗日救国十大纲领》等。音乐课刻印《大刀进行曲》《流亡三部曲》《工农兵学商一齐来救亡》《延安颂》《在太行山上》《毕业歌》等。为了把书读活,语文课根据有关书籍,联系实际,自编自印,例如有

---

❶ 摘自北京市政协文史资料委员会:《日伪统治下的北京郊区》,北京出版社1995年版,第420-423页。

文化侵略

基本语法、应用文写作、拼音识字等。每天早晨出早操,边唱歌边行进到院头村南,高唱《义勇军进行曲》举行升旗仪式,升旗仪式后仍列队返校,途中高唱抗日歌曲。同学们歌声洪亮,步伐整齐,精神抖擞,受到驻军和群众的一致赞扬。为适应当时的抗战形势,体育课增加军事训练内容,除进行基本列队、射击等训练外,还搞过几次夜间紧急集合,不许点灯,五分钟内穿好衣服,打好行李进行野营或防空训练,途中还要传递变换口令。

为了深入广泛地发动和唤起民众抗日,学校还成立了"槐河剧团",由刘颂南老师率领走上社会,深入村镇,巡回演出节目,节目内容有歌曲、舞蹈、活报剧等,不仅在距敌人盘踞的县城较远的村庄如阳泽、河庄、院头、齐家庄、许亭、三阵等村演出,还深入离县城或敌据点较近的北马村、花林村等村演出,每次演出都受到区、村领导的支持和广大群众的热烈欢迎。当时唱歌、演戏、跳舞都紧密结合抗战实际,起到教育群众、鼓舞群众的作用,有时还抽调部分学生

图3-1　在街头上演抗日话剧

第三章　图谋泯灭中华民族之魂的恶毒手段

配合抗日区政府下乡宣传,如抽调学生武庆然、翟振华等到野草湾村宣传。总之,用各种形式发挥着抗日宣传队的作用。这是抗日高小与民间一般高小相比,又一个鲜明的特点。

由于战备的需要,"抗高"几经转移搬迁,由院头镇到花林村、齐家庄等地,前后一年多时间转移了五个地方,为适应形势发展需要,从1939年初开始抗日政府从学校不定期选拔、选调学生到工作岗位或干校进修深造,到报社和新闻单位、军政干校,或到部队等单位锻炼。所谓深造,一方面是文化水平的再提高,另一方面是实际工作能力的提升,为进入战场准备好充足条件。

从"抗高"毕业的学生多数参加了各条战线的革命工作。经过锻炼、培养,战后有的调到中央国家机关,有的在地方党政部门,有的到解放军各部队,还有的在国防科研及教育、文化、卫生等单位,或长期在农村基层从事各项革命和建设工作。总之,"抗高"绝大多数学生,都在不同的岗位上为建设新中国和社会主义事业作出了贡献,有的甚至献出了年轻的生命。❶

2. 学习生活具有军事化特点的游击高小

一所高小何以称游击高小,特殊在哪里?河北《顺平县志》有如下记载:

七七事变后,顺平县所有学校都无法开学上课而被迫停办。1937年秋,八路军来顺平创建抗日根据地,组建起抗日

---

❶ 中共赞皇党史编辑委员会:《赞皇党史资料第2辑:赞皇县八年抗战史料》,1997年版,第391-393页。

文化侵略

民主政府。在民主政府的领导下,各村抗日小学开始建立,1938年3月,县政府机关迁至东阳各庄村。为尽快给抗日政府培养急需人才,县教育科要求东阳各庄村小学增添高级班,将东阳各庄村小学建成一所完全小学。于是,东阳各庄村小学就以原有高小班学生为基础,又在全县范围内招收了一部分插班生,把人数充实起来成为完小。后来,又面向全县招收了高小新生一个班,共有两个高级班。这就是全县唯一受县政府直接领导的完全小学。

因学校是以打游击的方式教学,县政府就正式命名为"完县游击小学"。

为了适应形势的变化,随时准备战斗,学校在组织上实行军事化管理,早上起床后就打好背包,上课坐小凳,发现情况就转移。一日三餐都首先集合唱歌,等候值日生打饭,然后开饭,全天共上五节课,晚上就寝前清点人数,由校长和老师总结一天的工作,布置应注意的事项。一次敌人突然袭击县政府驻地,学校师生在武装部队的掩护下冲出包围圈,转移到罗各庄,后又转移到司仓村。类似的情况不断发生,既培养了师生的组织性,又提高了机智勇敢的斗争精神,是其他学校所无。

教学是学校的中心任务,由于条件限制,教学科目较少,所开的科目有政治、语文、算术、史地常识、军体、音乐。教材的来源,政治课是根据形势,选择时事、政策、抗日民族统一战线等材料;算术以七七事变前高小所用教材为主;语文是按文章的不同体裁,从晋察冀主办的报刊上选择,也选择些七七事变前语文课本上的部分课文。史地常识主要是讲一些历史常识和地理知识。军体课包括队形队列训

第三章 图谋泯灭中华民族之魂的恶毒手段

练和体操,并结合实际实行行军、防空等军事常识教育。音乐课主要讲一些乐谱常识,更多的是口授救亡歌曲。

教学场所和形式根据季节和具体条件,一般选择树林和避风向阳的地方,学生以背包为座位,以膝盖为课桌,教师手提小黑板上课。课程安排不死板固定,只要环境允许,就抓紧时间上课。晚上自习主要是分组讨论,共同回忆和加深理解课上所讲的内容。有了问题提出来共同研究讨论,发挥集体智慧加以解决。所以学到的知识既牢固又深刻,还能联系实际。

"游击"二字,使人想起抗日根据地在敌人后方开展的游击战,不仅作战灵活,而且与群众关系十分密切,军民感情深厚是克敌制胜的法宝。反映在"抗高"的生活作风方面,师生都以八路军为榜样和群众打成一片,养成密切联系群众的好作风。教师经常对学生进行"三大纪律、八项注意"教育。师生吃住都在老乡家里,始终坚持给房东扫院打水,课余时间还帮助老乡推碾子、看孩子、打草或干农活。老乡们对高小师生也非常爱护和关怀,所到之处,关系非常密切。

1939年秋,游击高小二年级毕业。1940年秋冬之间,原一年级也毕业了。毕业生有的升入晋察冀边区民族中学继续深造,有的参军参政,投身于火热的民族解放战争。

完县游击高小为党和国家培养了一大批有用人才。新中国成立后,不少学生锻炼成长为党、政、军中的高级干部。如正童村张博儒,曾任解放军坦克技术学校副校长,东阳各庄村姚玉飞曾任西南交通大学纪检副书记,邹炜任国家物资局金属回收局副局长等职。他们在抗日战争、解放战争和社

· 161 ·

文化侵略

会主义建设中，都发挥了骨干和先锋作用。❶

3. 边区学校更重视对教师思想品德的培育

老师的师德会给学生将来如何做人树立榜样；老师的政治思想水准关系到能否把学生培养成勇于抗战的战士、立志卫国的爱国主义者。在平西抗日根据地的十渡小学的做法具有一定代表性。

十渡抗日小学的建立

1938年农历八月二十一日，十渡地区开进两支八路军部队，番号"冀西"，其中一支叫先遣支队，司令部驻在十渡村。还有一个地方工作团，成员大多是投身革命队伍的青年学生，这些热血青年为唤醒民众的抗战意识，到处书写抗日标语，教唱抗日救亡歌曲，到各村成立抗日救国动员会，建立救亡室，组织妇女救国会和青年救国会。在荒僻的山村里，到处可以看到抗日情绪昂扬的群众。

在群众基础发动起来以后，工作团办起第一所抗日小学，工作团成员自任教师，学生来源于贫雇农家庭，所用课桌是八仙桌和炕桌，课本是八路军油印的麻纸课本。

抗日民主政府对教育工作的领导

尽管处于战争年代，中国共产党对教育工作也是十分重视的。从专区到乡村，"教育"是政府工作中民、财、实、教四大部门之一，县有教育科，区有教育助理，村有教育委员会，各校之间又有中心片教师。工作层层有人抓，事事有人管。

---

❶ 摘自河北省顺平县地方志编纂委员会：《顺平县志》，中华书局1999年版，第783－784页。

第三章 图谋泯灭中华民族之魂的恶毒手段

1939年春,在西庄村的龙王庙建立了"平西抗日小学分校"。同年秋,房良联合县政府由堂上村迁移到十渡,又在十渡建起"抗日高小",县长刘介愚兼任校长和政治教员。学校领导狠抓几项工作,显示出抗日根据地的教育特色。

(1)抗日师资的培养与提高。抗日民主政府很重视师资的培养,抗战期间,十渡属于平西根据地11分区。1939年春,联合办事处举办的"青壮年知识分子训练班",集训三个星期。办事处主任(县长)王维亲自给学员讲"抗日民主统一战线"和毛主席的《论持久战》,指导理论学习。

1942年,平西根据地经过1940年和1941年日寇两次残酷"扫荡"之后,敌人又在山外挖下封锁沟,修筑炮楼,实行全面经济封锁,企图困死根据地军民。在严峻的形势下,平西专署在宛平县的黄塔村举办了全专区教师参加的秋季"反法西斯整风大会"。会议以"坚持抗战,反对投降;坚持团结,反对分裂;坚持进步,反对倒退"24字为中心内容,通过个人检查、小组讨论、典型发言、大会辩论等形式,开展批评与自我批评,进行整风。通过整风,及时挽救了一部分动摇分子,坚定了抗战必胜的信心,也提高了学员的业务能力。抗日民主政府对抗日师资的培养,推动了革命进程。

中国共产党一贯注重干部的思想作风问题,提出"干部教育第一"的方针,特别是青年干部需要加强马克思主义理论教育以彻底转变世界观和作风,夺取抗战的胜利。平西这次整风大会为文教事业的发展奠定了思想基础。

(2)教育方针、原则及教学方式。抗日战争时期的口号是:"抗日高于一切,一切为了抗日,一切服从抗日。"1939

· 163 ·

文化侵略

年邓华司令员率队驻扎十渡，曾将这18个大字刻写在十渡龙山上。那时根据地人民不分男女老幼，只要能为抗日做一点事的，都尽力去做。抗小师生，更是如此。教育工作要求普及与提高相结合，学习文化与学习抗日本领相结合，理论与实践相结合，教、学、做合一。为适应战争需要，不论初小还是高小师生，都遵循抗大"团结、紧张、严肃、活泼"的校风。教师对学生的要求是：培养小主人，不要小奴隶，提倡教学民主，官兵一致，官教兵，兵教官，教学相长。

"培养小主人，不要小奴隶"这一口号十分切合当时反奴化教育的方针，明确了平西教育的目标方向。

（3）课程设置：语文、算术（包括珠算）、军体、文艺。不论什么课，都是抗日内容。如小学第一册语文的第一课"人"；第二课"我是中国人"；第三课"中国人打日本"；第四课"打日本救中国"。三、四年级的语文以应用文为主，如怎样开"通行证"、写慰问信等。算术课初年级是算战利品；高年级珠算学习算减租减息，征收公粮，计算统一累进税等。

老师编写的教材密切结合了抗战的教育方针。同时，老师坚持学以致用的原则，学生走出校门就能干实事，群众会看在眼里喜在心头，会更加热心关爱、支持办学，促进文教事业的发展。

（4）抗日民主政府大力开展工作，根据地建设不断巩固发展。伴随根据地建设，教育工作也稳步向前发展。但是，在战争时期，教师的工作是极其艰苦的，生活待遇也十分菲薄。他们由旧知识分子很快向新知识分子转变，其中既有爱国的民族气节，也包含对党忠诚的信念。不讲条件，不

第三章　图谋泯灭中华民族之魂的恶毒手段

提困难，不避艰苦，服从调动，是根据地教师的特征。根据地教师，追随革命脚步，与党协力同心，迎来了新中国的黎明。❶

以上边区几所高小办学指导思想在本质上是一样的。学校十分重视教师队伍政治思想素养水平的提高，还特别举办了"反法西斯整风大会"，更坚定了教师抗战必胜的决心。在自编的课本上帮小学生树立"我是中国人""打日本救中国"的民族意识，从小给学生奠定了抗战救国的爱国主义思想精神。

4. 奴化教育难得人心，边区教育欣欣向荣

抗日根据地随着战争形势向好的变化以及根据地的恢复、发展，边区文化教育事业也随之恢复发展，各级学校的规模、教学质量显著提高，各校毕业生源源不断地走上了抗日的道路，有力地发挥了抵御奴化教育、揭露批判奴化教育的战斗作用，为抗日战线输送了大量有生力量。

华北各抗日根据地边区政府分别在 1938 年制定了恢复发展文化教育的基本原则和发展纲要。到 1939 年，晋察冀边区的小学已发展到 7053 处，入学儿童 367 727 人。❷ 在抗战最困难时期，各地小学根据具体情况采取游击教学、分组教学、化装教学、洞口教学等形式，对学生进行增强民族气节和爱国主义教育。1940 年边区颁布了发展中学暂行办法，

---

❶ 摘自北京市政协文史资料委员会：《日伪统治下的北京郊区》，北京出版社 1995 年版，第 412 – 415 页。本次引用时有调整。

❷ 摘自中国抗日战争史学会、中国人民抗日战争纪念馆：《抗战时期的文化教育》，北京出版社 1995 年版，第 328 – 330 页。

· 165 ·

文化侵略

规定边区中学的性质是抗日民族统一战线的中学。到 1945 年 7 月，据不完全统计，晋察冀边区中学前后共培养 2 万余名干部，中学成为教育战线的一支主力军。

晋冀鲁豫边区省委提出，积极发展文化教育"用实际对策反对敌人文化侵略和奴化教育"。据 1945 年上半年统计，入学儿童占学龄儿童的 70% 强，其中革命老区儿童入学率达 80% 以上。又据 1946 年初步统计，全边区有中学 55 所，学生 11 715 人，仅太行区就输送 3000 多名中学毕业生，充实了干部队伍，支援了抗战。❶

晋绥边区于 1940 年 3 月颁布新的教育纲领，其中指出："为求民族的独立自由解放，必须高度发扬民族意识，培养民族意识，培养民族的自尊心与抗战必胜的信念，方能完成抗战到底，争取最后胜利的光荣任务。"对于中学还提出了"中学规程"，特别规定中学开设"论持久战""统一战线""中日问题""国际问题""社会科学""政治常识""妇女问题""军事、工业技术"等课程。1941 年 5 月又规定，中学以文化课、自然课为主，占总课时的 75%。全区兴办 10 所中学、6 个师范班，大约培养 1200 余名毕业生，为边区培养了教师、干部，促进了教育普及。❷

华北各抗日根据地发展的教育事业的反奴化教育特点十分鲜明，与日本奴化教育水火不容。一看教育方针。根据地

---

❶ 摘自中国抗日战争史学会、中国人民抗日战争纪念馆：《抗战时期的文化教育》，北京出版社 1995 年版，第 330－331 页。

❷ 摘自中国抗日战争史学会、中国人民抗日战争纪念馆：《抗战时期的文化教育》，北京出版社 1995 年版，第 338－339 页。

第三章 图谋泯灭中华民族之魂的恶毒手段

的学校本着"抗大""团结、紧张、严肃、活泼"的校风,以"培养小主人,不要小奴隶"为目标。学校各种教材"不论什么课,都涉及抗日的内容",教育学生牢固树立"我是中国人""中国人打日本""打日本救中国"的思想观念。二看师资队伍。学校教师主要由具有"唤醒民众抗战意识"的热血青年组成。在师资培训中,学习的是《论持久战》《新民主主义论》等中国共产党的理论著作,培养出用科学的抗日思想武装头脑的教师队伍。他们对学生既教书又教思想,不怕困难,讲究实际,做到教学紧密配合根据地各项抗日活动。三看普及面。由于根据地各级领导的重视,儿童、妇女参加各种学习班,有整日的、半日的,随到随教的,农民有识字班、扫盲班。大力开展乡村文化教育,使学校、学习班也成为乡村宣传的阵地,围绕抗战思想的多种多样的宣传活动普遍展开,这样的学习、宣传有效提升了边区人民的文化水平,增强了中华民族的独立意识,下定了抗日救国的决心、必胜的信心,这正是边区教育所追求的目的。

在抗日根据地抓大学教育。因长期战争的需要,缺少各级干部,特别是中高级干部。为此,陕甘宁边区在延安成立了抗日军政大学,简称"抗大"。1939年在河北省阜平县又建立了华北联合大学。为进一步扩大学校规模,1939年在河北省灵寿县开办了"抗大"二分校,在山西省建"抗大"六分校。1941年华北联合大学又建华北文艺学院。这些高等学院本着"抗大"的"团结、紧张、严肃、活泼"的方针,为抗日培养了大批党、政、军革命干部,仅"抗大"二分校截至1943年2月就毕业了千余名学生并分赴抗日前线。边区教育从无到有,从小到大,终于形成一个完整的教育体系。1940年边区《抗敌报》发表社论指出:在今天,边区已经由一个文化落伍的地区,一变而为全国可数的、一般人民文化水平政治水平较高的先进地区了。❶

图3-2 学习中的"抗大"学生

五、新闻界、文艺界反奴化坚持抗战

新闻界和文艺界的宣传、教育功能,因其形式和内容的特殊性对广大读者、观众、听众都会产生重大的影响。这对推行奴化政策的日伪政府,或是不能不加以充分利用,或是不能不给予凶狠打压,但无论选择哪一种都是为实现变中国为日本殖民地这个根本目的。

---

❶ 《抗战报》1940年10月20日。

第三章 图谋泯灭中华民族之魂的恶毒手段

（一）根本不同于对青少年学生的奴化方式方法

从事新闻、文艺工作的成年人，其世界观、价值观大都已经成熟，都有相当的阅历、工作经验和社会经验。对于这样的群体对象，日伪政府一般先采取软化的一手，如利诱、拉拢的办法，如果不能奏效则使用硬的一手，如恐吓、威胁，直到迫害致死，手段毒辣。

天津市本来是京都的津口，近百年来成为中国北方的商城大埠，因列强的入侵，造成畸形发展，社会混乱。20世纪30年代以来，日本军国主义发动对华侵略战争，大肆掠夺破坏，人民饱受深重灾难。在这个大社会背景下，天津市新闻界、文艺界也成为奴化的重点对象。《新天津报》自20世纪20年代以来，畅销华北各省市，是一张社会广泛公认的"新报"，却成了日伪的"眼中钉"。

据《津门旧恨——侵华日军在天津市的暴行》一书记载，九一八事变后，中国部分国民党军和东北抗日联军奋力抵抗日军，《新天津报》每日必给予报道，因此销路大增。七七事变爆发，《新天津报》及时发出"号外"，并以激昂愤慨的文章载报，表示出同仇敌忾、抗战必胜的信心。日本侵略者见报十分恼火，但考虑到该报深受华北读者的欢迎，就想利用这份报纸做宣传平台，这将有助于推行奴化教育和文化渗透。从此，《新天津报》就成了日本设法拉拢的第一对象。

刘髯公是《新天津报》的社长、主编，是天津著名办报人。伪天津"治安维持会"在国民大酒店设筵，请他赴宴。接他的汉奸翻译说，大丈夫能屈能伸，《新天津报》是抗日报纸，他今天在天津市有实力、有地位，日本人也知道他是

文化侵略

抗日英雄,知道他的为人,请他参加宴请。刘髯公先是大骂翻译是汉奸亡国奴,后则假说去赴宴。然而他并没有去,给敌伪一记闷棍。隔一天,刘髯公被日本宪兵队掳去,在刑讯室,他大义凛然,一生喜爱京剧,高唱"宁武关""战太平"两出戏的戏文,"叹英雄入罗网,大将难免阵头亡",表示英雄至死不屈。第二天敌人请他吃茶谈话,劝他与日本合作办报,一再鼓吹中日一家"同文同种""共存共荣"。刘髯公则闭目休息,一言不发。气急败坏的敌人扔掉假面具,干脆施暴打、灌凉水、下水牢,逼刘髯公降服,但都没有得逞。因日伪还想利用他,就放他回家了。刘髯公本就瘦弱,加上受刑,已无力抗争,他最后嘱咐家人千万不要把《新天津报》拱手送给日本人,道出了一个爱国报人的心声。1938年10月26日,刘髯公含愤而殁。❶

此后,《新天津报》终被日伪强行接管,日发行量公开说的是1万份,而实印1000份,这与当初日发行量5万份相较呈断崖式跌落。这表明被奴化的《新天津报》想再受读者欢迎已不可能,中国人民坚持抗战的意志是牢不可破的。

像《新天津报》这样的事例各地皆有,日伪蛮横霸道,大量取缔宣传抗日的报刊即所谓的"不良报刊"。更有甚者,日伪借用共产党、八路军的口吻出版发行假报刊,如《建设报》,他们采取较温和的灰色笔调一边宣传奴化思想,一边进行挑拨离间,制造"假投降书"欺骗读者以强化宣传效果。位于山东省敌占区的知识分子对我方工作人员说:"我

---

❶ 摘自广濑龟松:《津门旧恨——侵华日军在天津市的暴行》,天津社会科学院出版社1995年版,第21-25页。

第三章　图谋泯灭中华民族之魂的恶毒手段

们这地还不错，还能经常看到咱们八路军的《建设报》。"❶日伪以假乱真，欺骗爱国民众，手段竟如此卑鄙。

敌人封锁抗日新闻，破坏中国新闻机构反而激发了国民迫切了解抗日战场真相的强烈愿望。在这种情况下，全国各地秘密或公开出版发行的报刊与日俱增。以天津市为例，从1937年七七事变到1938年底，地下出版的抗日报刊就有30多种，如《华洋新闻》《长城》《妇女》《解放》《华北战旗》《抗日小报》《炼铁工》《灯塔》等。这其中，有共产党人办的，有国民党人办的，也有群众团体办的，他们都及时报道了抗战消息，揭露日伪的暴行和阴谋，表达了中国人民抗战的决心。❷自抗战以来，一直坚持并不断增创报刊种类和数量的是边区抗日根据地。在晋察冀边区所见就有《新华日报》《抗战日报》《大众日报》《救亡日报》等。其中，于1938年1月创刊的《新华日报》同时在国民党统治区公开出版发行，畅销全国，成中国新闻界一件大事。据当时《抗战报》的报道，仅北岳区（北岳区是晋察冀边区中的一个行政区，地跨河北、山西）先后出版的报刊已达50余种。❸当时全国出版的抗日救亡报刊不下千余种。❹这么多报刊坚持宣传抗日，反抗奴化，是抗战力量

---

❶ 《大众日报》1942年7月28日。

❷ 中国人民政治协商会议天津市委员会文史资料委员会：《天津文史资料选辑》（第39辑），天津人民出版社1987年版，第52－57页。

❸ 晋察冀边区革命史编纂委员会：《晋察冀边区革命史编年》，河北人民出版社2007年版，第240页。

❹ 何沁：《中国革命史》，武汉大学出版社1990年版，第303页。

· 171 ·

的重要组成部分。

(二)文艺界逆流而上展示抗日爱国情怀

文艺包括多个门类,如文学、戏剧、音乐、美术、话剧、歌曲等。它们以丰富多采的艺术形式、生动的故事告诉人们应有怎样的思想,该走怎样的人生之路。

图3-3 用宣传画号召老百姓支持八路军

日寇侵华,凡兵灾所过之地,文艺界就遭到不同程度的破坏,许许多多艺术家受到打压或迫害。京剧表演艺术家梅兰芳多次拒绝登台演出并"蓄须明志",表现了不媚日的爱

第三章 图谋泯灭中华民族之魂的恶毒手段

国之情。程砚秋也是京剧四大名旦之一,因为他从北平去上海参加了一次进步的文艺活动(当时上海尚未被日寇占领),惹恼了北平日伪政府,当他在北平前门火车站下车时,遭到几个流氓特务分子的围攻。未料,程砚秋有一身武功,竟打得对方狼狈而逃。从此,他离家出走,到郊外青龙桥落户务农,不得不离开舞台。日伪统治者欲使中国人民忘记自己的国家,转而媚日、亲日,凡涉及有关爱国之情的剧目都给予打压破坏。如《徽钦二帝》《明末遗恨》二剧都演示宋、明两朝国破之后而思国、思家的动人故事,政治影响较大,成为敌人的眼中刺,一些演员就受到日伪政府的恐吓,甚至在恐吓信中画上手枪、附带一枚子弹,便衣特务则在剧场附近故意搅乱秩序制造恐怖气氛。❶

日伪政府一面极力限制、压制有进步意义的文艺作品,一面扶植纵容汉奸剧团演出,如汉奸剧作"和平建国"大力鼓吹汪精卫的叛国论,该剧不仅通过了日伪有关部门的编审,而且支持去各地巡回演出。与此同时,日伪却将包括《义勇军进行曲》在内的 200 多首抗日救亡歌曲纳入"禁唱"之列。❷ 这一打一拉,把日本的文化侵略真相暴露无遗。也就是说,凡有碍推行奴化教育的文艺作品和活动,日本欲通通禁演取缔而后快。

随着日本帝国主义文化侵略的疯狂性不断升级,中国新

---

❶ 中国抗日战争史学会、中国人民抗日战争纪念馆:《抗日战争时期的文化教育》,北京出版社 1995 年版,第 399 页。

❷ 涂文学、邓正兵:《抗战时期的中国文化》,人民出版社 2006 年版,第 366 页。

文化侵略

闻界、文艺界也逐渐走上团结之路以增强战斗力。

东北沦陷后,日寇进关,首当其冲是华北变成沦陷区,许多新闻界、文艺界著名人士纷纷南下向武汉和上海集中。一时,东北、北平、天津、山东、河南等地的作家、文艺工作者大批云集武汉,从1937年7月到1938年10月,全国约有千余名作家、艺术家到达武汉。人才有了,但是缺乏组织领导,中国共产党也很重视这件事。为把进步力量吸收到抗日统一战线中来,于1938年3月27日在武汉成立"中华全国文艺界抗敌协会",简称"文协"。从此,所有从事文学艺术的工作者都团结一致,为争取抗战胜利而奔走呼号,"文协"为文学艺术界的大团结开创了新局面。❶时当国共合作之际,文学艺术家竞相创作发表优秀作品,群众也踊跃参与,一时文化抗日热潮高涨,如报告文学《台儿庄》《毛泽东特传》《八路军七将领》,大剧《塞上风云》《岳飞》,活报剧《放下你的鞭子》等,当时全国共发表剧本142个,百余剧团、宣传队走上街头,深入农村;大众抗日歌曲《义勇军进行曲》《大刀进行曲》《救亡军歌》等唱遍城乡,文学类通讯社争相报道,十分活跃。

处于华北沦陷区的各抗日根据地是坚决抗战到底的一片片热土。在反日本奴化的斗争中,在教育、新闻及文艺界,中国共产党制定了更深刻更持久的方针政策。特别是1942年5月毛泽东发表了著名的《在延安文艺座谈会上的讲话》。

---

❶ 中国抗日战争史学会、中国人民抗日战争纪念馆:《抗日战争时期的文化教育》,北京出版社1995年版,第88页、第101页。

第三章 图谋泯灭中华民族之魂的恶毒手段

会后,文艺工作者纷纷走出小圈子与工农兵相结合,投入群众性抗战运动中,边区文艺事业蓬勃发展。延安鲁迅艺术学院30多人走向广大农村、部队,许多作家也深入基层,如剧作家、导演崔嵬到"爆炸英雄"李勇的家乡进行采访。一批小说、歌剧如花绽放,《小二黑结婚》《吕梁英雄传》《地雷战》《兄妹开荒》《白毛女》等,这些优秀作品流传于华北各根据地。各区、各村剧团如雨后春笋,阜平县高街村剧团创作演出了《穷人乐》,反映了边区群众翻身的过程,歌颂了群众的英雄主义。据统计,从抗战爆发到1942年7月,晋察冀边区约有村剧团3277个,起到了安定民心、鼓舞士气、坚定斗志的作用。❶

图3-4 演出歌剧《兄妹开荒》

---

❶ 中国抗日战争史学会、中国人民抗日战争纪念馆:《抗日战争时期的文化教育》,北京出版社1995年版,第317页。

· 175 ·

文化侵略

1941年7月在晋察冀边区第二届艺术节祝词中,聂荣臻同志说:我军的传统是"把艺术当作政治工作的武器","需要战斗力就一定需要文化"。❶ 1942年8月冀中区第6地委召开地委会议作出的规定中,其一就是广泛进行民族气节教育,教育群众和干部在敌人面前决不妥协投降,不丧失民族气节。❷ 新闻界、艺术界无论在沦陷区、国统区,还是边区都对唤起民众抗日救亡的思想意识发挥了重大作用。

六、中国知识分子接受挑战敢于担当

中国是文明古国,中国知识分子历来坚守传统节操,一向矢志爱国,以"贫贱不能移,富贵不能淫,威武不能屈"为立身准则。进入抗战时期,华北上空阴云密布,中国知识分子群体面临新的挑战和抉择。

(一)中国知识分子面临挑战

外敌入侵,民族危机,中国人民奋起抗战。知识分子阶层将处于怎样的地位投入战斗行列?对于这个问题,毛泽东在1939年发表的《大量吸收知识分子》一文中说:"在长期的和残酷的民族解放战争中,在建立新中国的伟大斗争中,共产党必须善于吸收知识分子,才能组织伟大的抗战力量,组织千百万农民群众,发展革命的文化运动和发展革命的统

---

❶ 晋察冀边区革命史编纂委员会:《晋察冀边区革命史编年》,河北人民出版社2007年版,第440页。

❷ 晋察冀边区革命史编纂委员会:《晋察冀边区革命史编年》,河北人民出版社2007年版,第542页。

第三章 图谋泯灭中华民族之魂的恶毒手段

一战线。没有知识分子的参加，革命的胜利是不可能的。"❶可见，中国知识分子参加伟大的民族解放战争是关系战争成败、国家民族兴亡的不可或缺的因素。

抗战爆发后，真正奔赴前线的知识分子是少数，更多的知识分子留在沦陷区或者迁徙到大后方，或奔赴抗日根据地，继续坚守自己的岗位。其中，日本侵略者对身在沦陷区的中国知识分子打起了主意，他们千方百计分裂知识分子群体，设法笼络、利诱意志薄弱者为日本文化侵略服务。

为达到目的，日寇笼络知识分子的办法是威胁与利诱兼施，希望能麻痹其民族意识，使他们成为日本统治中国的工具。为达到这一目的，日本大批训练中国青年知识分子，使之成为顺民或收买充当特务，强迫或引诱他们参加"新民会""兴亚会"和伪政权；尽力提高教员待遇和社会地位；创编汉奸理论，如"新民"精神，并以祭孔大典，招生留学，参加文化团体活动极力笼络知识分子。在敌人的这种拉拢利诱下，不可避免地有少数的知识分子被收买，甚至成了汉奸。

日本对中国知识分子的怀柔、利诱是有组织有计划的。日本华北方面军司令部管辖下的特务机构分设七部分，其中第五部分是对各种文化团体的任务分工。(1)"崇贞学校"。由日本人在北平成立，口号是"日中亲善从家庭主妇做起"，建立家庭学校，施以日式的主妇教育，以期养成亲日的家庭。(2)"东鲁中学"。由日本人设立，以培养为日本效力

---

❶《毛泽东选集》（第二卷），人民出版社1991年版，第618页。

文化侵略

的驯服工具为目的。有相当数量的毕业生被利用,如山东伪教育厅长俞康德就是代表人物之一。(3)"同仁医院"。由日本人设立,以"医术"为招牌,通过医疗工作,怀柔中国人,搜集各种情报。随着日军占领区扩大,在重要城市都有被派遣的日本人,此前以"医疗班"的形式存在,后来固定化,称"同仁医院"。(4)"日华学会"。由日本人设立,是对中国文化进行破坏和对中国人进行思想侵略的谋略机构。任务是斡旋、指导中国留学生,目的是怀柔、把控。1940年河北省伪公署派遣第一批50名留日学生,日本人园田庆幸担任指导,委托该学会进行考试前的日语及其他预备教育。此外,在各种宗教团体设立"神社",对中国人进行欺骗,在各地举行祭礼时,第一步先强制汉奸要员进行参拜以诱导更多的人。这种"神社"在中国东北、华北到处都有。❶ 以上四方面涉及改变生活方式、为伪机构提供人选、搜集情报、招收留学生、以尊孔作招牌扩大诱骗范围等。日本特务组织在中国社会中专事诱骗活动,具体方法手段又是多种多样的,无疑这是一种危及中国知识分子思想意识的公害。

(二)利用留日拉拢知识分子参与奴化教育

七七事变后,伪华北临时政府在"沟通中日文化,培养兴亚人才"的名义下,推行奴化留学计划。这种"文化沟通",其实是向中国人灌输日本文化,是单向的,留学生多集中在工矿、农教等方面,学成后回国也是为日本在中国的

---

❶ 中央档案馆、中国第二历史档案馆、吉林省社会科学院:《华北治安强化运动》,中华书局1997年版,第962-963页。

第三章 图谋泯灭中华民族之魂的恶毒手段

利益服务。

以冀东为例。1938年1月,伪冀东教育厅发布了一份关于选派留日官费办法及招生简章的文件:

本厅为深造专门人才起见,于上年度举行选派留日官费学生在案,本年度仍照例举办,特定二月二十五日举行考试,并拟定选派办法及简章等件,令各县遵照选派。(附选派办法及招生简章)

冀东政府选派留日官费学生办法

一、考试机关　冀东政府教育厅先举办考试选派之。

二、选派名额　十二名。

三、投考资格　凡高级中学以上学校毕业而有冀东籍之学生及冀东公务员之子弟。

四、选派科目及人数之支配

1. 农科三人。

2. 矿科二人。

3. 医科一人。

4. 工科二人(机械一人、土木一人)。

5. 商科一人(银行)。

6. 师范三人。

投考生于报名时须注明愿习何科,一经录取选派后不得中途改科。

五、考试科目　分国文、英文、几何三角、大代数、物理、化学、生物及试体格检查。

六、指定之肄业学校　凡日本官立各专门学校、各大学

文化侵略

专门部及教育厅选定之私立大学本科。

七、预备期间　自民国二十七年三月至二十八年三月止为预备期间，被选派者须在日本东京预备日语及补习其他重要科目，并应于二十八年春季（昭和十四年）按照第六条所指定各学校招收新生时受各该校之入学试验。

八、官费数目　选派之学生出国时每名给川资国币百元，服装费百元，预备期间每月给国币五十元，入学后给国币六十元，每年分四期汇发。

如已逾预备期间而尚未考入指定学校者，得以自费再继续预备一年，经指定学校录取后仍得照补官费。

九、留学年限　以指定学校规定之肄业年限为标准。❶

冀东区的招生简章表明，招生对象主要面向高中毕业生，这是当时文化水平较高的一部分中国青年；留学专业是日本在中国最急需的专业；入学考试既要考各科数理化，又要严格体检以保证生源质量；入学后有好的待遇，毕业后有好的工作安排。这样的招生自然对中国知识分子有较强的诱惑力。

据统计，1938~1943年，华北沦陷区遣派的留学生达943人，其中官费411人，自费532人。❷ 除了官费还有那么多自费留日者，表明青年主动投日留学，认为以此可以提高

---

❶ 南开大学历史系、唐山市档案馆：《冀东日伪政权》，档案出版社1992年版，第562－563页。

❷ 原件存中国第二历史档案馆，档案号2021－505。

第三章 图谋泯灭中华民族之魂的恶毒手段

学力、抬高身份,便于谋职的人为数不少,这就是利诱的作用。毕业后,学师范的回国任教,学农工的在农习所、实验厂、工矿业参加工作,日本人都十分乐于接受。敌寇为维持其血腥统治,多方招引沦陷区知识分子参加伪组织工作,也常利用伪组织人员的亲戚、朋友拉关系甚至用金钱地位收买为日工作。初中程度的给以街长、乡长职位,高中程度的给以股长、科长职务,如果不愿意干的,常以"莫须有"的罪名加以迫害。❶

留日数年会给一些年轻知识分子带来很大负面影响,甚至出现人生的逆转,走上叛国降敌之路。例如王揖唐,华北沦陷后被日伪相中,1940年就任伪华北政务委员会委员长之职,兼"新民会"会长,就任之期,欣喜若狂,"今日举行就任典礼,承各方来宾暨本会同人欢喜参加,一番盛意,不胜感谢"。他平常到电台演讲,一派奴才嘴脸:"疏通中日的隔阂,树立共同的理念,防止赤化,奔走和平,使救国兴亚的志士相与集结于和平反共的旗帜下,解息两国的纷争,共谋东亚的建设。"还讲中国与"同文同种"的日本,更愿作亲爱精诚的团结……如此,中日真诚协力,共同分担建设东亚新秩序的任务,东亚的自主与兴隆自可早日实现。❷ 王揖唐一生的言行表现出他是一个彻头彻尾的汉奸卖国贼。

然而,留学日本的绝不是皆如王揖唐,与他成为留日学

---

❶ 原件存中央档案馆,档案号185卷。

❷ 摘自章伯锋、庄建平:《抗日战争》(第6卷),四川大学出版社1997年版,第406-408页。

文化侵略

友的清朝最后一名状元刘春霖,1905年被公派出国考察新政,在日本东京政法大学就学,1907年回国。他先后办过直隶学堂,曾任中央农事试验场场长。九一八事变后,刘春霖坚决反对不抵抗政策,并与他的学友、勾连日本的王揖唐毅然断绝关系,表现了抗日爱国的鲜明立场。

将这两个人物相较来说,一方面表明日本特务机关利用留日手段拉拢中国知识分子是有效的;另一方面表明又是无效的。可以说,如果缺乏应有的思想信仰和道德操守,留学日本相当于一个陷阱,不慎就会成为民族的罪人。因此,留日特别是官费留日对于中国知识分子来说是一个严峻的挑战。

历史证明,中国知识分子能担当起全民抗战赋予的使命。

(三)日本设立各种文化团体的用心

日本军国主义在文化上对中国伪政权的种种干预是有底气的,伪政府权力很大,目标明确。1940年,汪伪政权与日本有多项密约签订,在有关日本与中国新关系调整的协议书中就规定:"日、满、华三国对文化的融合、创造和发展须予协力。"❶ 如前文,日本对中国进行文化侵略的惯用手段之一就是设立各种名目的文化团体,对中国知识分子的思想意识进行诱导。有学者将七七事变后日本在华建立的文化团体制成一览表(见表3-2,略有改动)。❷

---

❶ 转引自:章伯锋、庄建平:《抗日战争》(第6卷),四川大学出版社1997年版,第826页。

❷ 王向远:《日本对中国的文化侵略》,昆仑出版社2005年版,第228-231页。

第三章 图谋泯灭中华民族之魂的恶毒手段

表 3-2 七七事变后日本在华建立的文化团体一览表

名　称	所在地	开设时间	负责人	事　业	备　注
日本人民教育协会北京总支部	北平西城	1938年10月	泽本	文教界的提携与公民教育之促进	日本籍
东洋文化协会中国总局	南京华侨路	1939年7月	总局长刘旭升、高桥幸次	在各地设立支部	日本人立
东方文化协会	北平		河濑龙雄	日本文化的介绍（纸芝居）	日本籍
亚洲黎明会	北平		边见天涯	设立日本语学校	日本籍
东亚文化研究会	南京东本愿寺	1939年6月	横汤通之主任、顾问	中日文化提携，刊物、演讲会	日本籍
东方青年文化道德学会	北平	1938年9月	会长康同璧、千秋广子	东方文化的提倡	中日籍
东亚反共同盟会	上海浦东	1936年12月	朱鼎	各地分会107个，会员15万人，发行《东亚月刊》	原属中华民国反共同盟会
中日青年联盟	上海浦东	1936年12月	刘大福	中日青年的合作	中日籍
东亚青年学生航空联盟	上海虹口	1936年10月	会长江洪杰、理事长山口儿	航空学校准备中	中日籍
中日记者协会	保定	1939年5月		两国记者的联系	中日籍
中日青年联盟会	北平大字门	1938年1月		中日青年学生交谊	中日籍
日华经济联盟会	天津	1938年10月	斋藤一郎、徐新		中日人立
华南佛教协会	广东大佛寺	1939年1月	释谅悟	日本语学校、医疗	会员300人

· 183 ·

文化侵略

续表

名　称	所在地	开设时间	负责人	事　业	备　注
海南岛佛教协会	海南岛	1939年2月			
世界佛教会联盟本部	北平东城北门仓	1938年3月	长谷川太一、路云鸿、梅子英	日中阵亡官兵供养塔、诊疗所、平民学校	信众约20万人
中日佛教会	北平中南海万善殿		会长江朝宗、副会长铃木大拙		经费来自会费和特别寄附金
北京中日密教会	北平	1938年5月			
日华佛教会	太原	1938年9月			
察南日华佛教会	张家口	1938年			
徐州佛教联盟团	徐州	1939年8月	西行		中日人立
丹阳东亚宗教改进会	丹阳药宁寺	1937年12月	会长释正宽	儒道回佛的联合、中日亲善	私立
东亚宗教团体联盟会	济南	1939年4月	钱宝享、尾家纯孝	中日宗教联合	中日人立
中国留日同学会	北平和平门	1938年3月	会长汤尔和、副会长曹汝霖	兴亚高级中学（校长殷同）、中国语学校（预定在东京设立）	基金10万元（兴亚院43万元），外务省、海军省、其他寄附金
中日贸易协会	上海、东京	1936年1月	周作民、儿玉谦次	中日经济提携	
南京医师公会	南京		须藤理助、王达五	防疫事业协力	中日人立

第三章 图谋泯灭中华民族之魂的恶毒手段

续表

名　　称	所在地	开设时间	负责人	事　业	备　注
中日联合医学会	北平		鲍鉴清、宫川米次	设立医学研究机关	东亚文化协议会，中日人立
日华农学会	北平	1938年9月	江角金五郎、吴家振	农学研究	中日人立
上海联合医学会	上海同仁会	1939年10月	伊藤慎一、顿宫宽	调查研究、医学会	日本籍
日华佛教联合会	南京太平路清真寺	1939年4月	总裁高冠吾、副总裁横汤通之	南京佛教院、日华佛教妇女会各地分会	隶属中日宗教大同盟，亦从事社会事业
日华佛教联合会镇江分会	镇江金山寺	1939年8月	会长可端		会员200余名
日华佛教联合会扬州分会	扬州愿生寺	1939年5月	会长可端	设立佛学院	
日华佛教联合会芜湖分会		1939年8月			
杭州日华佛教会	杭州市外西湖18号	1939年2月	会长释隆定、河田行诚	难民救济院、日语研究班、佛学讲习会	
留日同学会天津分会	天津市立第一公园内	1938年8月	会长曹汝霖		
山东留日同学会	济南	1938年9月	会长朱桂山、副会长俞康		
青岛留日同学会	青岛	1938年9月	姚作宝等		会员40名

文化侵略

续表

名 称	所在地	开设时间	负责人	事 业	备 注
中华留日同学会	南京成贤街"外交部"内	1938年10月	会长陈群、副会长廉隅、王修		
中华留日同学会浙江分会	杭州长生路	1939年1月	副会长孙棣三、江筑		会员37名
汉口留日同学会		1938年12月		日语专修学校	会员73名

从表3-2看,华北沦陷区有文化团体16处,占总数39处的近一半。

时任中共中央北方局书记杨尚昆同志负责华北地区抗日根据地的建党、建军、建政工作,他洞察敌情,在写于1940年的《论华北现状》中指出:

在文化方面,日寇的方针是努力施行奴化教育,企图消灭我抗日思想与民族意识,使中国人民(特别是青年一代),变成日本的顺民,变为任其宰割的绵羊。

实施这一方针,日寇特别强调宣扬所谓"王道主义""中日乃同文同种的兄弟之邦",宣扬"皇军威德",提倡"大亚细亚主义"。修改中国历史,修改各学校的教科书。强调反对白种人,把侵略中国的罪恶,移嫁在英美或苏联身上去。提倡海淫海盗的文学,以毒化青年的意志,设立储才馆、新民学院等等,以收买堕落的文人。

敌之兴亚院下设有文化部,以为统一文化侵略的总机关,在华北联络部下,则设有文化局,为华北文化侵略的企

第三章 图谋泯灭中华民族之魂的恶毒手段

划部门。在社会团体方面,则有所谓"东亚文化协议会",网罗了一些民族败类的"名流""学者",如汤尔和、周作人、傅增湘等作为协助敌人进行文化侵略的帮凶。❶

文章揭露了日本奴化教育政策的本质,在篇末点出了"协助敌人进行文化侵略的帮凶"三个人——汤尔和、周作人、傅增湘,断言他们是"民族败类"。汤尔和是伪华北政务委员会各院部人选之一,任常务委员兼教育总署督办,积极推行日本对华北奴化教育工作。汤尔和早年留学日本学医,1911年辛亥革命后,被推为临时议长。1915年他创立中华医药学会,任会长。1937年七七事变爆发,汤尔和正在日本,闻讯赶回国等待机会,1940年终于得到日本人的信任当了伪政府的高官。周作人,幼年读私塾,1901年入江南水师学堂学习6年,后得到国家公费留学日本。1917年任北京大学东方语言文学系主任。1919年中国新文化运动时,是进步杂志《新青年》的撰稿人。五四运动后,与鲁迅、林语堂创办《语丝》,任主编。1937年北京大学南迁,他要求留校看守,却没守住自己的气节,后受日伪之邀,当了伪华北政务委员会的教育总署督办,1941年兼日本奴化教育机构——"东亚文化协议会"会长。傅增湘生于1872年,清光绪时进士出身,入翰林。一生以收藏中国文化古典籍为乐,甚至到日本去搜寻稀世珍本,前后藏书20余万卷。辛亥革命后,曾接受袁世凯聘请任约法会议议员,后任北洋政府教育总长,兼故宫博物院图书馆馆长。1938年加入日本人创办的

---

❶ 《解放》周刊1941年3月31日,第126期。

"东亚文化协议会",先后任副会长、会长。职位高不能不说是得到了日本人的重用,这也是卖国求荣的"回报"。

当然,这三位名流学者、专家媚日降敌的不耻行为并不代表当时中国知识分子阶层的主流,却表明日本在华设立所谓"文化团体"不过是打着文化招牌而行网罗中国知识分子之实,目的是令其参与日本对中国的奴化教育。

分析表3-2可以知道,在39个文化团体中涉及宗教的有15个,留学的有7个,文化和教育的11个,涉及反共的1个,其他还有涉农、医、商贸的,它们都以奴化功能体现其价值。

关于日本军国主义者奴化中国留日学生的意图和做法前文已论及。为什么日本侵略者对宗教问题如此重视?应该说,中日两国都以佛教作为主流宗教,这在人民思想信仰和生活中都有较大影响。宗教作为一种文化也可以供研究交流,同时也让日本军国主义者在对中国进行文化侵略时多了一个抓手。像这种高规格的、专由日本人掌控的驻华文化团体,自然不会直接面对中国广大僧众,他们活动的对象只限于宗教界高层人士和有关专家学者,这些人才是日本文化团体笼络和奴化的直接对象,而对广大僧众就不用日本人抛头露面,何乐而不为。日本人很清楚,单纯靠宣传佛教信仰并不能占领中国,只有通过中国精英用宗教来迷惑中国人民的思想意识方能助力战争取胜。

涉及东洋、东亚问题的日本文化团体更直接地从日本战略意图上来开展"文化活动"。日本军国主义者自实行"以华制华"战略大转折起,比以前更急于建立一个以日本为核心的东亚联盟,囊括中国及亚洲其他各国以期共同驱逐英美

第三章 图谋泯灭中华民族之魂的恶毒手段

在亚洲的存在，进而统一全世界，实现日本"神圣"的"八纮一宇"的梦想。日本有没有这个资格和能力另当别论，但日本首先要占领中国，正如日本大陆政策所言"欲征服世界必先征服亚洲，欲征服亚洲必先征服中国"。日本驻华文化团体的设立就是为了配合日本军方、官方作最大努力，双管齐下、软硬兼施，通过中国伪政府和中国知识分子精英，要中国人理解日本的"善意"，丢掉抗战意识，与日本共同完成"大业"。日本的野心昭然若揭，然而中国一旦被迫接受，就是殖民地化。

日本在中国设立名目各异的文化团体，其实万变不离其宗，他们以为中国的有识之士会受到麻痹或迫于压力做日本的驯服工具。若果真如此也不枉这些文化团体在中国的建立，随着战局的发展变化，日本的如意算盘并不如意。

（四）祭孔、禁书的双重意图

1. 笼络人心的祭孔

孔子（公元前551～公元前479年），山东曲阜人，春秋末期思想家、教育家，儒家学派创始人，其弟子辑录的以他的言论为主的《论语》一书，反映孔子的主要思想、足迹，文句简约含蓄，颇多形象的哲理格言，对后世影响很大。历代王朝逐加封号，誉孔子为"大成至圣文宣先师"。从西汉开国皇帝刘邦开启"祭孔"先河，后继者汉武帝推行"罢黜百家，独尊儒术"的大政方针，全国各郡县纷纷建孔庙举行"祭孔"仪式，一直到民国时期。日本侵入中国，日伪政府也搞"祭孔"，其背后必有阴险谋略。

"祭孔"仪式隆重恢宏，最主要的程序是"三献"：正献、亚献、终献，分三次放献礼器、太牢（牛、羊）、帛爵、丝绸，献香，献酒。届时还有礼乐、歌舞，主祭人宣读"祭文"，肃穆庄严。参加活动的主要有政府官员、社会精英、学校师生及一般百姓等。隆重祭孔可以起到增进民族团结，弘扬民族传统的"仁者爱人"以及文、行、忠、信等道德信仰的作用。活动中的礼乐歌舞表演也能起到古今思想情感交流的效果。

如此隆重的仪式原本是为追思纪念一位中国古代先贤，可日本军国主义者也要插上一脚，即使战争正酣也仍在其占领区照旧举办"祭孔"仪式，以冀东日伪政府的筹办为例。

冀东日伪政权是日寇进关后在中国关内建立的第一个傀儡政权。1936年2月公布的"祀孔"典礼办法如下。

本届春丁祀孔礼节

（甲）祀仪

一、本年二月二十五日上丁祀孔长官主祭。

二、四配位由秘书长，民政、教、建三厅长四人分献。

三、十二哲由秘书处长、保安处长二人分献。

四、两庑由参事二人分献。

五、崇圣祠本届暂不举行。

六、书祝版由民政厅长任之。

七、纠仪一人由通县县长任之。

八、执事人由长官委派。

九、与祭各员由厅处选派四人或二人与祭。

十、祭前一日，洁扫殿庑，向外供张陈设如仪，正献官率执事人入庙习仪。

十一、正献官出入殿门皆由右,分献官及执事人等皆由左。

十二、与祭各员一律着常礼服(兰袍马褂)戴礼帽。

(乙)祭品

一、正位案上爵垫一、爵三,实以酒俎,实牛一、羊一、豕一,香案设炉一、烛台二。

二、四配位每案爵垫一、爵三,实以酒,每位俎一,俎实羊一、豕一,香案设炉一、烛台二。

三、十二哲位六案一爵垫一、爵三,实以酒,位六俎一,俎实羊一、豕一,位六香案一设炉一、烛台二。

四、两庑东西各案一爵垫一、爵三,实以酒,东西各俎一,俎实羊一、豕一,东西香案各一设炉一、烛台二。

……

(丙)礼节

一、由引赞引正献官,分赞引分献官就位。

二、迎神行三鞠躬礼同时奏乐。

……❶

看这个典礼的安排,其规模、程序都是依照中国古来的规矩,在日本人看来,孔子是中国人的"先师","祭孔"就会拉近与中国人的距离,有利于笼络中国知识分子参与日本奴化教育,此其一。其二,通过"祭孔"也有象征中日"同文同种""中日亲善"之义,有益于中日两国联盟,实

---

❶ 南开大学历史系、唐山市档案馆:《冀东日伪政权》,档案出版社1992年版,第532—533页。

现共建"东亚新秩序"的目的。正如当时《日寇在华北的治安》一文所写的:"以尊孔来吸引一部分落后的知识分子,并利用中国人作宣传,即所谓'日本人说一百句话不如中国人说一句话'。"❶ 此文一言中的,表明了日本帝国主义急于拉拢中国知识分子将中国殖民化的梦想。

2. 严酷的禁书令

中国知识分子接受中国共产党的抗日宣传是日伪政府最害怕的。为防止这一情况的发生和蔓延,1941年华北日伪政府发布了"关于检查禁书及其处置方法"的文件,禁令说:

> 查有关抗日及共产学说之图书及新闻、杂志等,于事变后已由各省、市当局就所属之公私立各级学校、图书馆暨新民教育馆等分别检查封存,不准公开阅览在案。第恐此项书籍虽经封存,尚有未经详加整理者。再则上述各机关现供阅览之图书,数目繁多,难免无禁书混入其中。兹为彻底检查起见,特由本署将此次检查禁书之性质及处理之方法,规定如下:
>
> 甲、禁书之性质　各种图书及新闻、杂志等,其记述内容与(一)抗日;(二)共产主义;(三)社会主义;(四)马克斯(今为思——编者注)主义等有直接或间接之关联,且主张上述四种思想者。
>
> 乙、处理方法
>
> (一)已经查出封存保管者,应由各该保管机关悉数送

---

❶ 转引自中央档案馆、中国第二历史档案馆:《华北治安强化运动》,中华书局1997年版,第94页。

第三章　图谋泯灭中华民族之魂的恶毒手段

呈直属上级机关。

（二）已经封存保管而未经整理者，应由各该保管机关进行检查整理后，呈送直属上级机关。

（三）各该机关应就现供阅览之图书、新闻、杂志等，再加详细检查，其具有上开禁书之性质者，应即检送直属上级机关。

（四）收到禁书之机关，应与所在地之特务机关联络，迅将禁书送呈各省、市公署，并由省、市公署将禁书封存。

除甲项所列各种性质之禁书外，尚有内容是否纯正难于判断者，应即另行包封，注明理由，一并送呈直属上级机关，由专家审定后认为不属于禁书之列者，仍当发还。此次检查书籍，务求彻底，并期于本年十月底以前全部工作完成。除分行外，相应咨请河北、河南、山东、山西省公署、北京、天津、青岛市公署，苏北区行政专员公署。教育总署督办。❶

"禁书令"封存书就是对中国知识分子思想的封锁，将其与通过尊孔笼络中国知识分子的活动结合起来分析，显然，日伪用心的目的在于：只许中国知识分子的思想意识与日伪同一，而不得因阅读"禁书"而产生抗日思想、共产主义思想倾向。《晋绥日报》登载的《敌伪在沦陷区焚书捕人扑灭文化——鲁迅先生遗迹被践踏破坏》说：敌伪在沦陷区向一切进步的文化宣战，被敌寇禁止出版的书籍，包括自由

----

❶ 中国第二历史档案馆：《中华民国史档案资料汇编》第5辑第2编附录，江苏古籍出版社1998年版，第557－558页。版式有调整。

文化侵略

主义、无政府主义、共产主义、实验主义等领域。1940年，日寇在南京曾烧毁数千册达尔文的《进化论》；1941年，日寇将北京大学22万册图书尽行窃去；1942年，日寇在沦陷区颁布"存书禁令"，限制一切封建主义以外的图书保存。1943年以后，更实行所谓"击灭敌性文化"运动，不许中国青年研究英美文化。如果发现一本共产主义的书报，就要"处以极刑"。这还不够，敌寇又于1943年底起，在华北、华中"集体逮捕"文化人，知名的历史教授周予同、自由主义者编辑夏丏尊、开明书店经理章锡琛，均在被捕之列。敌人对中国伟大的思想家、文学家鲁迅先生更是痛恨，上海虹桥路畔的鲁迅坟墓已被日寇践踏破坏，墓前遗像被击粉碎。但日寇无法完全消灭进步文化的种子，《鲁迅全集》《资本论》，以及高尔基、托尔斯泰、巴尔扎克、狄更斯等人的作品，已成沦陷区青年珍贵的精神食粮，曾有一批学生集资购买了一部《鲁迅全集》，秘密研读，即其一例。❶

曾有报道历数往年日伪销毁进步图书资料的事件，手段极其毒辣。如在天津市，仅1938年3月就焚毁"禁书"6800种；❷在太原市，仅商务、中华两家出版社一次交出数千册书被烧毁。❸即便如此，仍有追求进步思想的青年知识分子在黑暗中潜心阅读"违禁"书籍。这些反映出中国知识

---

❶ 《晋绥日报》1945年5月8日。

❷ 广濑龟松：《津门旧恨——侵华日军在天津市的暴行》，天津社会科学出版社1995年版，第300页。

❸ 中央档案馆、中国第二历史档案馆、吉林省社会科学院：《华北治安强化运动》，中华书局1997年版，第1005页。

第三章 图谋泯灭中华民族之魂的恶毒手段

界封锁与反封锁的尖锐斗争。

日本发动侵华战争,激发了中华民族全民族投入抗战的热情。为了不做亡国奴,为了中华民族的独立解放,中国知识分子在其中作出了重大的贡献。除少数叛国投敌外,在沦陷区有更多的知识分子冒着生命危险进行秘密的抗日活动。在大后方的知识分子恪守职责,兢兢业业,在宣传文教、科研工作、国防建设事业中作出了突出成绩。身在抗日根据地的知识分子最终走上与工农群众相结合的道路,正如延安抗大、华北联合大学的师生那样,直接奔赴了前线。

日本帝国主义利用种种收买、麻醉的手段,妄图泯灭中国知识分子的民族思想意识,但最终都失败了。空前伟大的中国抗日民族解放战争再次证明,中国知识分子具有"富贵不能淫,贫贱不能移,威武不能屈"的坚强意志和优秀品质,在长期的和残酷的民族解放战争中,经受住了严峻的考验,日本军国主义强加给中国的奴化教育终以徒劳告终。一部抗日战争史再次证实毛泽东的断言:"没有知识分子的参加,革命的胜利是不可能的。"

第四章　华北文典、文物惨遭破坏、掠夺

一、损失巨大，国人痛惜

自近代以来，西方帝国主义侵略者对中国文化遗产大规模的破坏和掠夺从未间断。日本在侵华战争期间，对中国文化遗产的掠夺和摧残，比欧美帝国主义侵略者有过之而无不及，特别是在华北地区，文化遗产损失之巨大，更是触目惊心，难以尽述。

日军用飞机、大炮狂轰滥炸，在一片焦土中，华北各地许多古建筑文物遭受破坏。七七事变，日本全面侵华，不能不首先讲到古城宛平城被破坏。这座古城始建于明朝末年，到1937年有近四百年的历史。此前，日军已精准测量过，所以炮弹准确命中。至今，宛平城累累炮痕犹在。

又如清华大学图书文物损失，据1943年统计，该校图书损失175 720册，包括在重庆北碚被日机炸毁的，此外，还有1937年后自海外运来途中损失的，已无法记录。❶ 燕京大学教授顾颉刚于1946年报告损失情况，计有：普通书、杂志30 000册，明清善本6000册，抄本5000册，小说唱本

---

❶ 朱育和、陈兆玲：《日军铁蹄下的清华园》，清华大学出版社1995年版，第90页。

第四章 华北文典、文物惨遭破坏、掠夺

3000册，稿本书300册，碑帖30件，印谱20部，金石拓本100种，书画40件，印章150方，古钱650枚，古镜3枚，石刀2柄，古经2卷。❶

1945年4月1日，据国民党教育部成立的"战时文物保存委员会"的统计：北京研究院被盗文物300多种，从故宫运走铜缸66口，铜炮1尊，铜灯91件。全国损失的书籍、字画、碑帖、古物等8项，共3 607 074件又1870箱，古迹741处。该委员会特别说明，该数字"因申报不踊跃而不实"，❷实际损失的数量大大超过这一数字。据北平市、河北省、河南省3省市的统计，共损失书籍、字画、碑帖、古物合计637 869件，古迹336处，见表4-1～表4-6。

表4-1　河北省公私文物损失数量及估价目录❸

文物类别	属性	数量	估计价值
书籍	公	—	—
	私	全部	10 000元
字画	公	—	—
	私	31幅	3880元
碑帖	公	—	—
	私	7件	80元

❶ 高平、唐芸、阳雨：《血债：对日索赔纪实》，国际文化出版公司1997年版，第38页。

❷ 中华民国驻日本代表团：《在日办理赔偿归还工作综述》，第117-118页。

❸ 原件存中国第二历史档案馆。转引自：中央档案馆、中国第二历史档案馆、河北省社会科学院：《日本侵略华北罪行档案·文化侵略》，河北人民出版社2005年版，第240-241页。

文化侵略

续表

文物类别	属性	数量	估计价值
古物	公	13 件	30 000 元
	私	—	—
古迹	公	21 处	173 000 元
	私	—	—
合计		51 件（幅），另 21 处	216 960 元

表 4-2 河北省文物损失情况明细❶

物主、地址	文物类别	数量	损失情形	估计价值
安次县	古迹	1 处	1945 年在城内被拆毁	10 000 元
徐水县	古物	3 件	1945 年 4 月在漕河村被劫	30 000 元
	古迹	1 处	1944 年秋被损	20 000 元
清苑县	古迹	3 处	1937 年 8 月被敌机炸毁	25 000 元
新城县	古迹	1 处	1937 年在新城城南被拆	6000 元
盐山县	古迹古物	3 处 1 件	1937 年 9 月在城内被敌焚	10 000 元
灵寿县	县志书版 古迹古物	全部 12 处	1937 年及 1944 年被敌毁	10 000 元 112 000 元
宛平县长	字画	31 件	1937 年在本宅被劫	3880 元
辛店同兴里 12 号	碑帖	7 件	—	80 元

---

❶ 原件存中国第二历史档案馆。转引自：中央档案馆、中国第二历史档案馆、河北省社会科学院：《日本侵略华北罪行档案·文化侵略》，河北人民出版社 2005 年版，第 240-241 页。略有改动。

第四章　华北文典、文物惨遭破坏、掠夺

表4-3　北平市公私文物损失数量及估价目录❶

文物类别	属性	数量	估计价值
书籍	公	448 957 册，另5箱	574 390 元
	私	137 471 册，另4箱	76 595 元
字画	公	5 幅	1700 元
	私	131 幅	30 100 元
字碑	公	—	—
	私	2127 件	47 100 元
古物	公	2471 件	236 380 元
	私	411 件	21 166 元
仪器	公	48 件	22 000 元
	私	—	—
合计		591 621 件（册/幅），另9箱	1 009 431 元

表4-4　北平市文物损失情况明细❷

物主	地址	文物类别	数量	损失情形	估计价值
中华教育文化基金董事会编辑委员会		书籍	5 箱	香港沦陷时被敌劫去	10 000 元
北平民国学院		书籍	59 836 册	1937年8月被敌劫去	3000 元

---

❶ 原件存中国第二历史档案馆。转引自：中央档案馆、中国第二历史档案馆、河北省社会科学院：《日本侵略华北罪行档案·文化侵略》，河北人民出版社2005年版，第241-244页。

❷ 原件存中国第二历史档案馆。转引自：中央档案馆、中国第二历史档案馆、河北省社会科学院：《日本侵略华北罪行档案·文化侵略》，河北人民出版社2005年版，第241-244页。略有改动。

文化侵略

续表

物主	地址	文物类别	数量	损失情形	估计价值
北平历史博物馆	午门	古物	1372 件	1944~1945 年被敌劫去	229 500 元
扶轮中学		书籍	5600 册	1944 年 11 月在黔桂路上被敌机炸毁	3000 元
河北省立邢台师范学校		书籍 仪器	16 000 册 3 件	1941 年 11 月在黔桂路上被敌机炸毁	50 000 元
国立故宫博物院	景山前街	书籍 古物	11 022 册 971 件	1944 年被敌损失	22 000 元 1500 元
国立北平图书馆		中文书 西文书	2477 册 3787 册	被敌劫去	2000 元 50 元
清华大学		中西文书籍	349 991 册	北平沦陷时损失	340 000 元
辅仁大学		中文书 西文书	226 册 18 册	北平沦陷时损失	100 元 240 元
燕京大学	海淀成府	字画 古物	5 幅 128 件	1941 年 12 月被敌劫去	1750 元 5380 元
王重民	北平图书馆	书籍	3 箱	香港沦陷时被敌劫去	4800 元
王贻荣	中央电台	字画 碑帖 古物	1 件 1 件 1 件	1941 年及 1942 年在北平损失	300 元
李维堞	小沙果胡同寿康里二号	书籍 字画 碑帖 古物	780 册 30 幅 6 件 255 件	1939 年 3 月及 1941 年 2 月被敌劫去	4000 元、 40 000 元

第四章 华北文典、文物惨遭破坏、掠夺

续表

物主	地址	文物类别	数量	损失情形	估计价值
李鸿文	东皇城根四号	书籍 字画 碑帖 古物	128 000 册 100 幅 1000 件 1 件	七七事变后在本宅被损	64 000 元 20 000 元 12 000 元 4000 元
曾宪三	北平图书馆	书籍	1 箱	北平沦陷时被劫	1600 元
程枕霞	宣外烂缦胡同三十九号	古物	28 件	1937 年 7 月在察哈尔被日劫去	1000 元
张新虞	东单三条十五号	书籍 碑帖 古物	3400 册 1120 件 120 件	1944 年 11 月在黔桂路上被敌机炸毁	2000 元 20 000 元 1000 元
刘永义	后门内嵩祝寺后身钟鼓寺甲二十一号盛博宣转	书籍 古物	71 册 6 件	1944 年在贵州某山被敌焚毁	195 元 66 元

表 4-5 河南省公私文物损失数量及估价目录❶

文物类别	属性	数量	估计价值
书籍	公	35 400 册,另 22 种	26 290 元
	私	2886 册,另 27 种	2625 元
字画	公	88 件	6300 元
	私	10 件	730 元
碑帖	公	—	—
	私	1010 件	1016 元

---

❶ 原件存中国第二历史档案馆。转引自:中央档案馆、中国第二历史档案馆、河北省社会科学院:《日本侵略华北罪行档案·文化侵略》,河北人民出版社 2005 年版,第 245-248 页。

文化侵略

续表

文物类别	属性	数量	估计价值
古物	公	6743 件	48 400 元
	私	10 件	210 元
古迹	公	315 处	582 300 元
	私	—	—
合计		46 196 件（册/种），另 315 处	667 871 元

表4-6　河南省文物损失情况明细❶

物主	地址	文物类别	数量	损失情形	估计价值
中央研究院河南省政府合组河南古迹研究会		书籍 古物	3000 册 6500 件	1938 年开封沦陷后损失	1700 元 9700 元
河南大学	开封	书籍	19 种	1944 年 5 月在嵩县潭头镇被敌毁损	1700 元
河南省图书馆	开封	字画	16 幅	1938 年 5 月在南阳被敌机炸毁	4000 元
河南省立博物馆	开封	古物	53 件	1942 年及 1943 年经数次被敌机炸毁	14 800 元
河南省通志馆	开封	书籍	8000 册	1940~1945 年在开封南刘府胡全二十六号被劫	5000 元

---

❶ 原件存中国第二历史档案馆。转引自：中央档案馆、中国第二历史档案馆、河北省社会科学院：《日本侵略华北罪行档案·文化侵略》，河北人民出版社2005年版，第245-248页。略有改动。

第四章 华北文典、文物惨遭破坏、掠夺

续表

物主	地址	文物类别	数量	损失情形	估计价值
宛中图书馆	南阳	书籍	23 000 册	南阳沦陷时被毁	12 000 元
南阳民教馆及汉书馆		书版 壁画 古物	1000 面 64 幅 170 件	1945 年 5 月南阳沦陷时被焚	5000 元 700 元 10 000 元
南阳诸葛庐		书籍 字画 古物 古迹	400 套 6 幅 16 件 6 座	1945 年 2 月在卧龙岗被毁损	740 元 60 元 1900 元 6300 元
南阳玄妙观		书籍 字画 古物 古建筑	3 种 2 件 4 件 103 处	1938 年春及 1945 年 2 月被毁	150 元 1000 元 12 000 元 146 000 元
泌阳县		古迹	5 所	1941 年 2 月被敌焚毁	600 000 元
开封		古迹	1 处	1938 年被敌炮毁损	70 000 元
洛阳龙门		古迹	1 处	1944 年被敌毁损	100 000 元
巩县石窟寺		古迹	100 尊	巩县沦陷时被敌毁损失大半	200 000 元
侯宗禹	开封省立博物馆	书籍 字画 碑帖	15 种 2 件 10 件	开封失陷时损失	275 元 40 元 16 元
段凌辰	开封龙虎街 30 号	书籍 碑帖	884 册 1000 种	1938 年在开封被敌焚毁	2000 元
张清涟	开封搭棚庙街	书籍	10 册	1945 年春在淅川县损失	500 元

203

续表

物主	地址	文物类别	数量	损失情形	估计价值
张森祯	国立河南大学	书籍	1992册	1938年6月及1944年5月开封嵩县沦陷时损失	530元
冯翰飞	开封三银井15号	书籍 字画 古物	6种 5件 7件	1938年开封沦陷时被劫	200元 250元 190元
熊伯乾	开封解放胡同22号	书籍 字画 古物	6种 3件 3件	1938年7月在开封本寓被劫	120元 80元 20元

二、日本在华北蛮横的调查和盗掘

（一）盗掘、掠夺从未间断

1937年，"华北综合调查研究所"等机关专门在河南进行考古发掘，尤以东京帝国大学所派的调查人数最多，规模最大。

1928~1937年，国民党政府历史语言研究所前后对河南安阳殷墟进行了15次考古发掘。但在七七事变发生之后，华北沦陷，殷墟的考古发掘也被迫停止，从此殷墟便开始遭受日本文化盗贼肆无忌惮的掠夺，其中包括：1938年日本庆应义塾大学文学部组成"北支学术调查团"，专门在安阳考古发掘；1938年日本京都东方文化研究所在水野清一、岩间德也等人带领下，在殷墟进行发掘；1940~1941年，日本东京帝国大学考古学研究室在原田淑人的带领下，在殷墟进行

第四章 华北文典、文物惨遭破坏、掠夺

发掘；1942~1943年，进驻安阳的日本军队对殷墟进行大规模盗掘。通过上述盗掘，大批珍贵的商代出土文物被劫往日本。

1938年起，日本京都东方文化研究所水野清一、长广雄敏等人开始对云冈石窟进行全面调查和实测，至1944年前后共进行8次，大量的佛像被盗窃和毁坏。

1939年，日本东京帝国大学考古学研究室由原田淑人带队，对邯郸赵王城遗址进行了盗掘。赵王城遗址是战国中晚期赵国的都城，位于河北省邯郸市。赵敬侯元年（公元前386年），赵国自中牟迁都于此，至公元前222年被秦灭。城周围有五组赵王陵，另有一些墓区。日本人在抗战期间最早盗掘了赵王陵。

1939年，日本东京帝国大学考古学研究室派关野雄等人，盗掘了山东临淄的西周至战国时期的齐国都城遗址。齐都城位于淄河西岸，包括城址、墓地等遗迹，曾是当时中国最繁华的城市。日本早在1926年就曾派人前来此地进行调查，为日后的盗掘做准备。

1939年，日本外务省文化事业部派遣日比野夫等人，先后来到中国的定襄、太原附近、佛教圣地五台山、朔县等地，进行大规模的考古调查。

1940年，日本"兴亚"院"北支"佛教史迹调查部派三上次男等人到山西进行佛教史迹的考察，攫取大量资料。

1940年，日本外务省文化事业部派日比野夫，到中国山西浑源进行考古发掘。

1940年，日本京都东方文化研究所组织的"云冈调查班"，由水野清一和长广敏雄带队，在对云冈石窟进行调查之后，又调查了山西北部阳高的名胜古迹。

1940年，日本东京帝国大学考古学研究室派遣关野雄等人，对河南商丘的古代遗迹进行了考察和盗掘。

1940~1941年，日本东京帝国大学考古学研究室派遣关野雄和原田淑人，分别对山东滕县的战国时期遗址和河南安阳的商代遗址进行了盗掘。

1940~1941年，日本驻太原特务机关文化室的酒井真典和菊池宣正，分别带人多次闯进五台山的一些佛教寺庙，对庙中的佛教文物进行了劫夺。

1941年，日本东京东方文化学院派江上波夫先后到麻池及林卓尔，进行古代遗址的调查和盗掘。

1941~1942年，日本东京帝国大学理学部由长谷言人带队，盗掘了北京周口店的北京猿人遗址。

1942年，日本东亚文化协议会派原田淑人等人，对曲阜一带的古迹进行了盗劫。

1942~1943年，驻扎在河南的日本侵略军听说商代文化具有极高的经济价值后，派军队对殷墟进行了大规模的盗掘，并把出土的文物全部运回日本。这是对安阳殷墟最大的一次破坏。

1942年9月，日本东京帝国大学驹井和爱等人盗掘曲阜周公庙附近古宫殿遗址。翌年，再次盗掘、盗走北阶石等一批文物。❶

---

❶ 张健：《国宝劫难备忘录》，文物出版社2000年版，第220－223页。

第四章 华北文典、文物惨遭破坏、掠夺

（二）令人痛惜的破坏

日寇对华北地区文典和文物的破坏以及掠夺是令人发指的。在记述这些恶性事件时，不但暴露日军破坏掠夺的种种情形，而且对被毁掉的文物给予简单介绍，这样可以使读者更清楚地认识到：日本侵略者破坏的文物，原本有着很高的历史价值、文化价值和科学艺术价值。因此，日本对在这场侵略战争中犯下的破坏人类历史文化的罪行，必须承担历史责任，必须向世人谢罪，中国人民对这一罪恶行径永远不会忘记！要让世界看到，是谁成就了人类美好的文明，谁又是不可饶恕的历史罪人！

日本侵略者为了摧毁中华民族文化精神，在华北各地破坏、掠夺图书、文物的同时，到处毁灭中国名胜古迹。

1. 日军狂炸老石桥❶

1937年10月4日清晨，国民党二十九军的溃兵乘木船南退。由于当时连降大雨，沥涝成灾，滏阳河水已淹过了衡水县老石桥（安济桥）拱顶，使大小船只无法通行。二十九军的木船绕道旧引河（问津街北头），于老石桥南驶入滏阳河南去。而追击二十九军的三艘日军小汽船在四架飞机的掩护下追到老石桥边却受阻，停靠在北门外。随后，日军窜入北门，侵占了县城。

日军进城后，先是砸门破户，洗劫了老石桥两头已经空无一人的商店，将通记布庄的布匹、双盛杂货店的砂糖、三合烟行的纸烟抢劫一空，继而策划实施轰炸老石桥的毒计。

---

❶ 衡水市政协文史委员会：《衡水抗日烽火》，河北人民出版社2003年版，第241页。

文化侵略

据当年曾亲历亲见其事的阜丰街、集贤街的柳雪桥、老杰、七妮回忆，就在日军进城的第二天即 10 月 5 日上午，一群鬼子兵在老石桥中孔的桥石上抡锤打洞，在洞内安放炸药之后，鬼子将导火索拉到集贤街南口附近。中午，一声巨响，乱石满天横飞，大石块砸进了桥西头关帝庙的东间，砸塌了四周所经营的商店。邻近居民的房上、院内，全部落上了碎石块。这座当时已有 172 年历史的安济桥中孔被炸塌，滏阳河两岸人民唯一的通道被破坏。

衡水安济桥，又名衡水石桥或衡水老桥，位于河北省衡水市桃城区胜利东路，东西横跨于滏阳河上。东西走向，于乾隆三十一年（1766 年）十月建成。

2. 五台山佛教建筑被多次调查、劫夺

五台山位于山西省东北部，属太行山系的北端，由五座山峰组成。由于五峰高耸，峰顶平坦宽阔，如垒土之台，因此称五台。五台山以其建寺历史悠久和规模宏大而居佛教四大名山之首，在日本、印度、斯里兰卡、缅甸、尼泊尔等国享有盛名。1939 年、1940 年、1941 年日本外务省派人多次闯进五台山进行调查和掠夺。

据《晋察冀日报》1942 年 9 月 27 日报道，自从被日寇占领后，五台山就陷入悲惨的灾难之中。美丽的台麓寺、普济寺等寺院变成了瓦砾场。整个五台山的情景，正如记者描述的"有的庙院被毁了，有的则被敌人的炮火和弹片炸毁，废墟上破碎的佛像已不成形，粪便垃圾充满了大殿，茂草中随处可看到日军扔掉的烟头、罐头盒"。还有记者说，这里的一切财物和名贵的物品也都被敌人劫掠，北山寺的五丈长的"字塔"，菩萨顶的金佛、八宝藏金、用人血写的《金刚

第四章 华北文典、文物惨遭破坏、掠夺

经》等稀世名品，也都在"中日佛教一体化"的名义之下失踪了。僧人好多被敌屠杀，活着的也整天处在被压榨、欺凌和侮辱的境地。残酷而繁杂的勒索使不少僧人脱掉袈裟，流浪他方。❶ 五台山佛教文化被破坏，使人民群众认识到，在法西斯的心中，根本没有宗教的地位，有的只是如何杀人越货，攻城略地，奴役人民，毁灭文化。社论最后呼吁：所有的中国同胞，一切真心的宗教信徒，应该急起，把你们自己所信仰的宗教从日本法西斯的铁蹄下解救出来。

日本除炮火破坏外，外务省和驻外特务机关的专家还曾多次来五台山调查、劫夺，他们窃取了中国古代寺庙建筑艺术多少文化技术资料，难以尽知，日本自诩东方文明最高的国家，实在寡廉鲜耻。

3. 龙岗书院和明伦堂被烧毁

1937 年 10 月，日军侵入河北栾城，10 月 12 日火烧龙岗书院和明伦堂。❷

龙岗书院位于河北栾城东大街路西。清康熙二十二年（1683 年）创办，以后屡屡重修。书院大门北侧有"眉山发迹"石碑一通。进二门有木牌坊一座，上书"鹿洞遗风"四个大字。明伦堂设于书院内，位居正殿。"明伦"二字，源于《孟子·滕文公上》，孟子主张治国重在学校教育，所以，凡来明伦堂讲学者必须坚守这一准则，书院与明伦堂不

---

❶ 晋察冀日报史研究会：《晋察冀日报社论选（1937~1948）》，河北人民出版社 1997 年版，第 264－266 页。

❷ 河北省栾城县地方志编纂委员会：《栾城县志》，新华出版社 1995 年版，第 33 页。

分畛域，融为一体。

明伦堂位于书院正中，有孔子雕像一尊，院内松柏庄严肃穆。日本烧毁几乎所有建筑和雕像，碑刻体无完肤，一片狼藉。日本人火烧龙岗书院和明伦堂，是日本帝国主义意欲割断中华传统文化的传承，以推行对华的奴化教育。正如中国学者所说，日本仇视中国教育机构"且毁坏之，且不能复兴"。❶

4. 火烧绵山寺庙

日军在山西省对文物古迹的破坏触目惊心。1937年10月，大火烧毁了山阴县元营村的关帝庙、奶奶庙；同年11月初，放火烧毁代县严佛寺。1938年2月24日又将万山县大武村庙宇楼阁烧尽。1940年1月10日，火烧介休县的绵山寺，且寺内文物财宝被洗劫一空。大火致云峰寺内大雄宝殿、千佛殿、介子祠、老君堂等建筑都化为灰烬，古铜钟也被烧化。日军一路上还烧毁了山神庙、土地庙等寺庙，劫后惨状令人发指。❷

绵山共有20余座寺庙，2000余间殿宇。悬空建筑和亭榭之多也是绵山的一大特色，总共不下30余处。绵山寺庙神像众多，从无名天尊、无极元君、洪钧老祖，到山神、土地；佛像从灯明、妙光、燃灯，到过去、现在、未来诸佛。神佛之多之全，亦为国内外所罕见。

---

❶ 高平叔：《蔡元培全集》（第7卷），中华书局1989年版，第191页。

❷ 侯伍杰：《山西历代纪事本末》，商务印书馆1999年版，第1027页。

第四章 华北文典、文物惨遭破坏、掠夺

云峰寺是绵山主要佛教寺院，坐落于绵山腹地，又名抱腹寺，唐贞观年间（627～649 年）敕建，明正德十一年（1516 年）重修，后世多次修葺。寺内建筑因地势走向布局，分为上下两层，朝向不一，错落有致，为天下奇观。在高处修以悬空的栈道，与各个殿宇相连接。目前保存下来的古建筑，主要有空王殿、千佛殿、介推祠、五龙殿、明王殿、马鸣殿、罗汉堂、眼光菩萨殿及僧房、客舍等近百间。寺内还保存有历代精美彩塑 70 余尊，其中 3 尊为包骨真身像。

1940 年经日军烧毁破坏后，多数殿宇破败不堪。绵山，自从春秋晋国大夫介子推功不言禄隐居被焚于此后的 2600 多年来，几度辉煌。但遭受抗战时期侵华日军两度焚毁，绝大多数寺庙和文物狼藉一片。

5. 承德避暑山庄和"外八庙"遭劫掠

避暑山庄坐落在河北省承德市区的北部，是清代古典园林艺术杰作，由宫殿区、湖区、平原区、山峦区组成，总面积约 564 万平方米。按照日本军国主义的习俗，每占领一地，都要放火，以火光来庆贺胜利。1933 年 3 月 4 日，日军川原旅团先头部队从德汇门进入避暑山庄以后，为庆贺占领热河的胜利，便首先放火烧毁了卷阿胜境殿，这座大殿是乾隆皇帝陪奉母亲进膳之所。日军把几桶火油泼到该殿的各个部位，然后用火点燃。不大工夫，整个殿堂变成一片火海。日军侵占承德以后，将整个避暑山庄变为兵营。日本关东军第八师团司令部、西南防卫区司令部、日本宪兵队、八八一部队、陆军医院等都曾设在这里。日军砍伐树木，拆毁古建筑，在山庄建造日式平房和楼房，在如意湖上架起木桥，在

文化侵略

山峦区挖交通壕,甚至把莹心堂当马厩,日军战败投降时,这里堆积的马粪竟有一尺多高。1944年,日军以"金属献纳"为理由,到处掠夺铜器、铜件,以解制造枪炮子弹材料匮乏之急。10月间,日军八八一部队派工兵丧心病狂地拆毁了宗镜阁铜殿。据辽宁省档案馆《珠源寺起运铜件清档》记载,被拆毁的宗镜阁铜殿共装26大箱、30抬(捆),约500余件。被拆毁的铜殿由西南防卫区五五五部队汽车团运至承德火车站,然后装上火车,经锦承铁路运走。

"外八庙"位于避暑山庄的东面和北面,共8组藏传佛教寺庙,所以称为"外八庙"。清政府为修建这些寺庙不惜耗用国库,如兴建"普陀宗乘之庙"(又称小布达拉宫),就动用黄金2.93万两,约合白银200万两。又如兴建"须弥福寿之庙"(又称班禅行宫),仅使用鎏金鱼鳞瓦就耗费黄金1.54万两。清朝皇帝尊崇黄教的作法,真可谓"敬人一面而千万悦",增强了蒙藏各民族对清政府的向心力。❶

如此富丽堂皇的"外八庙",也遭到日本侵略军的浩劫,1933年、1934年日军先后两次进行掠夺和破坏,掠走大量佛像、佛经和饰品。

日军侵占承德期间,以各种借口对承德避暑山庄和"外八庙"内的珍贵文物、珠宝古玩、佛像佛经等进行劫掠,打包装箱,运回日本,数量难以确查,其中有案可查的包括:

(1)抢掠"外八庙"的各式镀金、银佛像143尊;

(2)抢掠避暑山庄、"外八庙"内装饰品120件;

---

❶ 袁森坡、吴云廷:《河北通史·清上卷》,河北人民出版社2000年版,第67页。

第四章 华北文典、文物惨遭破坏、掠夺

（3）抢掠由皇帝亲自主持挑选60名喇嘛花费18年时间完成的满文《大藏经》1部（原藏于殊像寺）；

（4）抢掠用金字书写、珍珠装饰而成，载有汉、满、蒙、藏4种文字的《丹珠经》《甘珠经》两部（原藏于普宁寺）；

（5）抢掠《古今图书集成》1部。[1]

由于日军的破坏和掠夺，避暑山庄内的自然景观和人文景观都受到严重摧残。70多年前，被日军毁坏、运走的宗镜阁殿址还在，被日军填平作打靶场的西湖遗址还在。它们是日本帝国主义发动侵华战争，野蛮破坏世界文化遗产的铁证。日军在"外八庙"的抢掠，是对中国宗教文化的一次巨大破坏，招致中国各民族，特别是少数民族的无比痛恨。

6. 殷墟劫难

1937年，日本东京帝国大学派遣多名调查人员专门对我国河南省进行考古发掘，主要目标是安阳殷墟。从此，这里开始遭受日本人疯狂的盗掘掠夺。

1938年，日本庆应义塾大学文学部组成"北支学术调查团"赴安阳发掘。同年，日本京都东方文化研究所的水野清一、岩间德也组成考古队来殷墟。1940～1941年，日本东京帝国大学考古学研究室在原田淑人的带领下，再次对殷墟进行大规模的盗掘。这些团队轮番"调查发掘"，不顾中国人民的感情和中国主权，进行大肆劫掠，大量中国的瑰宝流落日本。

---

[1] 彭明生、郝洪喜：《日军对世界文化遗产——承德避暑山庄的劫掠破坏》，新华出版社1996年版。

文化侵略

令人震怒的是，1942~1943年驻扎在河南的日本侵略军竟派军队到殷墟进行大规模武装盗掘，并把出土文物全部运回日本，这是对安阳殷墟最大的一次掠夺破坏。❶

安阳殷墟内到底有怎样宝贵的文物以致日本人如此疯魔？

中国古代商朝（公元前17世纪初~公元前11世纪），是古代奴隶制强国。商朝前后共迁都五次，盘庚迁殷（今河南省安阳市）是最后一次迁都。此后，商朝的政治、经济、军事、文化都出现了较大的发展，逐渐强盛起来，给后世留下很多宝贵的财富。

商代的甲骨文、青铜器、陶器等，都是商代文化的代表。比如刻在甲骨上的文字，是中国汉字的初始、原形，中国文字就是从这里演化而来的。

商朝的青铜器种类繁多，如鼎、壶、爵、盘、觚、刀、斧、锛、锥、铲等，上面刻有华丽的纹饰和铭文。

安阳殷墟出土的文物，是中国的瑰宝。这些代表古代物质和精神文化的珍贵文物早已引起日本侵略者的劫掠之心，不盗不快，日军劫掠后立刻运往日本。

7. 盗毁云冈石窟❷

云冈石窟是我国北方著名的佛经石窟寺，被盗窃和破坏的佛像多达1400余座，其中多为日军侵华期间被盗毁的。

---

❶ 张健：《国宝劫难备忘录》，文物出版社2000年版，第220-223页。

❷ 谢忠厚：《日本侵略华北罪行史稿》，社会科学文献出版社2005年版，第528-529页。

第四章 华北文典、文物惨遭破坏、掠夺

在日军占领期间,日本人对云冈石窟进行了较长时间的调查和测绘。

云冈石窟位于中国北部山西省大同市西郊 17 公里处的武周山南麓,石窟依山开凿,东西绵延 1 公里。存有主要洞窟 45 个,大小窟龛 252 个,石雕造像 5.1 万余尊,为中国规模最大的古代石窟群之一,与敦煌莫高窟、洛阳龙门石窟和天水麦积山石窟并称为中国四大石窟艺术宝库。云冈石窟的造像气势宏伟,内容丰富多彩,堪称公元 5 世纪中国石刻艺术之冠,被誉为中国古代雕刻艺术的宝库。此外,石窟中留下的乐舞和百戏杂技雕刻,也是当时佛教思想流行的体现和北魏社会生活的反映。云冈石窟形象地记录了印度及中亚佛教艺术向中国佛教艺术发展的历史轨迹,反映出佛教造像在中国逐渐世俗化、民族化的过程。多种佛教艺术造像风格在云冈石窟实现了前所未有的融会贯通。

日本人对云冈石窟的重视是从 20 世纪 20 年代开始的,特别是日本人关野贞和常盘大定于 1925 年出版《"支那"佛教史迹》、1926 年出版《"支那"文化史迹》之后,使一些日本文化盗贼开始对云冈石窟垂涎三尺。1936 年,水野清一和长广敏雄为了给云冈石窟的调查和测绘打下基础,对北方的代表石窟如龙门石窟、响堂石窟,各用大约 1 周的时间进行了调查。1937 年,水野清一和长广敏雄着手组织了一个包括照相、拓片、录文、测绘、发掘等方面人员参加的大班子。1938 年,对云冈石窟的调查工作全面展开,直到日本投降才告结束。水野清一等人之所以如此重视对云冈石窟的调查,就是要利用日本侵略军占领大同的有利机会,通过现场调查、考古发掘、测绘、照相、拓片等工作,把云冈石窟资

料全部搞到手,编辑出版《云冈石窟》,使全世界的研究都离不开该书。后来发行的《云冈石窟》一书,共有16卷32册。如果没有日本侵略者的失败,水野清一等人不知还要在云冈石窟占据多少年,不知将有多少云冈石窟文物遭到破坏。

8. 日寇入侵,"北京人"失踪

北京猿人,又称"中国猿人北京种",简称"北京人"。1929年12月,中国考古学家裴文中发现第一个完整的北京猿人头盖骨。经研究证实,"北京人"距今约70万年至20万年。

"北京人"的发现使达尔文的人类进化论得到印证。进化论阐明了人类由动物进化而来的观点,得出了人类起源于古猿的结论,为科学的人类起源理论打下了基础,也为世人所认同并得到广泛的传播。然而,由猿到人的结论一直尚未有相关化石印证。研究已经充分证明"北京人"的体质特点有二:一方面具备了人类的特质,另一方面仍保留了某些古猿的特征,所以学者们称之为"猿人"。他们能打造工具,会使用火做熟食物,这些都有利于大脑发育、增强体质,促进直立行走、腾出双手从事劳动。这一考古成果为人类起源的探索提供了极具价值的物证支撑,意义非凡。无疑,"北京人"是我国弥足珍贵的文化遗产。

不幸的是,日军侵入华北后,北京猿人"失踪"了。

北京猿人发掘后,一直保存在作为参与合作的北京协和医院B楼解剖室的保险箱内。1937年卢沟桥事变爆发,日军进占北平,当时美日之间无战事,但是,进入1941年后,形势巨变,就在珍珠港事件爆发前夕,北京猿人化石的安全问题变得严重起来。当时,转移安放地点有三个选择:一是把化石运到

第四章　华北文典、文物惨遭破坏、掠夺

国民党政府的大后方重庆，但是北平与重庆之间距离遥远，不便远途运送；二是保存在北平不动，但是日军在城内四处抢掠，难以保证安全；三是送到美国暂时保存，这是当年认为比较稳妥的选择。参与商议的是中国地质调查所所长翁文灏和北京协和医院行政委员会负责人胡恒德（美国人）。经过商议，二人一致同意第三个方案。

方案定下来了，但一时未能及时办理。直到 1941 年 11 月才开始化石装箱的工作，共装了两个木箱。装箱十分考究，先将化石用擦显微镜镜头的细棉包好，再用软纸包，然后裹以洁白的医用吸水棉花，再用粉连纸包上，最后再用多层医用细纱布包在外面，然后放入小木盒，并用吸水棉花将小木盒填满。小木盒装进大木箱后，用木丝填充塞满。至于牙齿化石，均装入小纸盒内，上面有玻璃，内填棉花，玻璃上有红边的标志号码，并详细注明牙齿所属部位。两个木箱装好后，大箱上标有"SADE1"字样，小箱上标有"SADE2"字样，装好后，把箱子送到北京协和医院总务长博文的办公室。据说送去当天就被转送到 F 楼 4 号保险室里。❶

博文在 11 月底将两只木箱送到美国大使馆准备由美国海军陆战队携带到美国纽约自然历史博物馆。12 月 5 日清晨，美国海军陆战队载有"北京人"化石的专用列车离开北京，按原计划驶往秦皇岛，然后再送上由上海驶来的美国航轮"哈里逊总统号"。该航轮预定于 12 月 8 日到秦皇岛，不料当地时间 12 月 7 日清晨，日军偷袭了美国珍珠港，美国

---

❶ 庾莉萍、田利平：“北京人化石的发掘及失踪揭秘”，载《文史精华》2005 年第 3 期。

文化侵略

公开对日宣战，太平洋战争爆发。美轮"哈里逊总统号"在开往秦皇岛的途中被日军在长江口外击中搁浅，负责携带这批化石的美国医生弗利被俘虏，不知所终。从此，"北京人"化石下落不明，消失在世人眼中，它到底在哪里，至今仍是个谜。

从现在所知的材料中，仍难以获得真相，依然众说纷纭。比如，有人认为化石在协和医院装箱后，又被美军分装到军用箱中，但此种说法并无确凿证据。化石存于美国的可能性不能排除，但比较起来，仍在日本的可能性更大。早在珍珠港事件爆发前，日本侵略者对"北京人"化石就已经垂涎欲滴，化石的失踪又是在日军掌控战局的情况下发生的，换言之，如果没有日本军国主义者发动侵华战争，"北京人"化石就不会有失踪的厄运。❶

9. 野蛮摧残内蒙古伊克昭盟最大的召庙王爱召

王爱召位于内蒙古自治区鄂尔多斯市（前身为伊克昭盟）达拉特旗王爱召镇哈什拉格沟口，是一座藏传佛教格鲁派寺院，在战争中遭到日军最野蛮的摧残。原寺庙宇宏大，占地50亩，有庙亭、正殿、钟楼等，十分壮观。1941年2月9日，日军在经过狂轰滥炸之后，又进行疯狂掠夺，将嵌有珠宝的银质佛像、成套的经卷、金马鞍、精制的壁毯等珍贵文物装车运走，最后还放火焚烧，几天时间，王爱召已变成

---

❶ 庾莉萍、田利平："北京人化石的发掘及失踪揭秘"，载《文史精华》2005年第3期。

第四章 华北文典、文物惨遭破坏、掠夺

一片废墟了。❶

1939年,日军多次派特务专门调查王爱召。其后,日军多次派飞机轰炸王爱召,集中轰炸大经堂等建筑,大经堂被炸塌,大喇嘛扎布当场被炸死。1940年,日军在伪蒙古军第四师的配合下,进攻驻扎在达拉特旗新民堡的国民党部队(人称"西军")。国民党部队受挫之后,转移至王爱召,当时国民党部队第86师指挥部设在王爱召内,该师参谋长王白慕坐镇王爱召指挥。"西军"张步城团的步兵居住在王爱召的僧房内,团部设在王爱召以南数里的任三壕。国民党部队还在王爱召四周修筑工事,修建炮楼。

1941年2月9日(农历正月十四日),驻包头的日军小岛部队出动80辆卡车的步兵,在坦克、装甲车、飞机的掩护之下,自包头银匠窑子渡过黄河,进攻王爱召。在距王爱召不远的西社、刘大营子、东三座茅庵等地架重炮,轮番炮轰王爱召,"西军"一直坚持到天黑,趁夜向南撤退。

翌日(元宵节)凌晨,日军开进王爱召,驱逐了王爱召里的喇嘛及周边居民,随后抢劫王爱召。王爱召收藏的前额嵌有宝珠的释迦牟尼银制佛像,成套经卷,坟庙内的银制镀金马鞍、弓箭,成捆的壁毯、地毯、法器、供物、浮屠及特制的风磨铜顶、可盛23担水的大铜锅等,均被装上汽车运往包头。抢劫一直持续到正月十七日夜。王爱召收藏的各类文物、宝物全部被洗劫。

正月十八日晨,日军在王爱召各建筑上浇上汽油,在僧

---

❶ 军事科学院外国军事研究所:《凶残的兽蹄》,解放军出版社1994年版,第67页。

· 219 ·

文化侵略

房内堆上干草,点燃大火,焚毁了王爱召,此次大火一直烧了半个多月,王爱召变成一片废墟。

1941年9月,王爱召的大喇嘛曹德纳木通过化缘、化布施等方式筹资,在王爱召原召址以西半华里处的一座旧有小庙的基础上,重建了一座召庙,将达拉特旗塔井召的佛像、法器、经卷等迁至此处,继续开展宗教活动。但该庙的规模远不及过去的王爱召。❶

10. 轰炸云居寺

云居寺位于北京房山西南30余里的白带山麓,占地面积7万多平方米,是由云居寺、石经山藏经洞、唐辽塔群构成的具有中国佛教文化特色的一大宝库。

云居寺始建于隋末唐初,初名"智泉寺",后改称"云居寺",经过历代修葺,形成五大院落六进殿宇。1938年和1939年,日军三次轰炸云居寺,将这座千年古寺毁于炮火中。1938年农历八月十四日,"嗡嗡嗡",天空一阵乱响。随后日军轰炸机出现在云居寺的上空。敌机盘旋了3圈以后,投下了重型炸弹,顷刻间地上浓烟滚滚,碎石四处飞扬。先后有9架飞机轮番疯狂轰炸。殿内殿外,浓烟弥漫,炸弹声响,震耳欲聋。就这样,敌机整整轰炸了半天时间。云居寺六进殿宇被炸得破烂不堪,面目全非。坡上百年苍松翠柏,枝枝杈杈铺满一地,一个个炸弹炸出的深坑足有两间

---

❶ 引自戴雄:"侵华日军对中国古建筑的毁损",载《民国档案》2000年第3期。

第四章 华北文典、文物惨遭破坏、掠夺

房子大小。寺中还有一个和尚被炸身亡。❶

三、战后中国追索国宝的斗争

（一）战后国内外的形势

1945年8月15日，不可一世的日本帝国主义宣布无条件投降。战争结束了，日本作为战败国本应向被侵略国家人民真诚谢罪，赔偿受害国的一切损失，这是无可争辩的，其中就包括日本在战时盗掘、掠夺的属于中国的文物、文典等国宝。然而，中国政府向日本追索国宝并非易事，由于种种原因使中国正义的追索行动走上了一条错综复杂的艰辛之路。

1. 国际形势

"二战"末期，柏林战役是法西斯德国无条件投降的最后一战。1945年4月30日，苏联红军英勇奋战，攻占了德国国会大厦，希特勒自杀。早在1945年2月4日，美、英、苏三国元首在雅尔塔共商处理战后事宜问题，其中就有关于德国向被侵略国家的赔偿事项。会议决定成立一个"损失赔偿委员会"，负责研究德国赔偿的数额和方法。战争结束之后，德国认真履行了赔偿义务，截至1993年1月，德国对欧洲相关各国赔偿总额达904.93亿马克，约合651.0288亿美元。德国的赔偿计划将持续到2030年。❷ 1970年12月7

---

❶ 引自北京市政协文史资料委员会：《日伪统治下的北京郊区》，北京出版社1995年版，第38–39页。

❷ 刘士田、李志忠："战后日本对华赔偿问题"，载《抗日战争研究》1997年第3期，第194页。

文化侵略

日,德国总理勃兰特在华沙死难者纪念碑面前,向惨遭屠杀的波兰人民谢罪。

1945年4月25日,世界反法西斯战线的46个国家代表在美国旧金山聚会,举行"联合国制宪"会议。10月24日,"宪章"通过。从这一天起,"联合国"正式登上世界政治舞台,出现了世界向好发展的势头。

2. 国内形势

日本帝国主义宣布无条件投降后,经过协商筹备,1946年1月19日由中、苏、美、英为主的11国代表组成"远东国际军事法庭",审理日本主要战争罪犯。1948年11月12日,法庭最后宣判甲级战犯25人有罪,其中东条英机等7人被处以绞刑,其余战犯被判轻重不等的徒刑。宣判传出后,大快人心。虽然这次审判因种种原因尚有遗留问题,但总体来说是一次正义的审判,这一结果表明日本承认了对外侵略的罪行,终归接受了国际公法的制裁,它意味着日本因侵略战争给他国造成的巨大损失具有赔偿的义务,按国际法规不可推卸,责有攸归。

当时,中国人民渴望中国政府依据国际法、国际公约、国际惯例促使日本公开地给中国一个道歉,并将掠夺破坏的数量巨大的经济、文物损失如实偿还中国。以后的事实证明,要实现这一目标:一要看当时中国政府在索赔中坚定不移的斗争精神;二要看日本认罪的态度;三要看美国对战后国际形势所作的战略谋划布局。

(二)中国索赔的进程

1. 建立索赔机构开展工作

日本入侵中国的地域十分辽阔,涉及中国的方方面面,

第四章 华北文典、文物惨遭破坏、掠夺

如资源、经济、劳工、文化等。日本的侵略扩张野心根深蒂固，不能像德国那样有偿还机构、有计划、有监督机制落实偿还承诺。对此，中国必须做细做足各项准备工作。

国民政府在战争正酣之际就筹划调查国家所受损失的状况。1938 年 11 月，在当时召开的国民参政会上，就有参政员提出国民政府应设立"抗战公私损失调查委员会"。1944 年 2 月，国民政府批准设立"抗战损失调查委员会"并正式办公。调查项目包括中央、地方（省级、县级）、国营、民营、文化、医疗、慈善事业、人民团体及个人财产、人民性命及敌占区等 10 项内容。时间段自 1931 年 9 月 18 日开始，至抗战胜利结束。调查委员会隶属行政院，翁文灏为委员会召集人。

抗战胜利后，鉴于日本赔偿问题已经进入实际操作阶段，1945 年 11 月，中国国民政府遂将"抗战损失调查委员会"更名为"赔偿调查委员会"。❶

国民政府成立的"抗战损失调查委员会"，为战后索赔提前做了准备，在谈判中起到了有理有据的作用。1945 年委员会"更名"，则表明作为战胜国，中国政府要求赔偿是代表中国人民行使国家主权、捍卫民族利益。

2. 从数字上看索赔的得与失

由于索赔事关全中国，对外交涉所用的统计数据反映的是全国的情况，其中也包括华北地区在内。对中国文物的掠

---

❶ 郭希华：“抗日战争时期中国损失调查及赔偿问题”，载《历史研究》1995 年第 5 期。

文化侵略

夺是日本的罪恶之一，他们倾慕中国文化，欲掠为己有而后快。日本国土狭小、资源匮乏，欲求发展试图扩张。随着侵略野心不断膨胀，对他国古今的物质财富、辉煌的精神文化都有贪得无厌之求，特别对历史悠久的中国就更加贪婪，其掠夺中国文化的手段野蛮恶劣，而且精于前期的谋划，有系统性的组织予以保障。事实正是如此，在日军内部成立"占领地区图书文献接收委员会"，这个组织负责先期调查、确定目标，然后迅速行动，直到运回日本，整个过程适应战争环境的特点，达到随抢随运的目的。❶

战后，中国政府公布的八年全面抗战时期日本在中国所掠夺破坏的文物古迹有：书籍2 742 108册、字画15 168幅、碑帖9377件、古物16 385件、古迹741处、科学仪器5122件、标本32 486件、地图56 128本。掠抢的古代文物，件件都是无价之宝。至此，在战后偿还时，仅仅还回书籍15.8万余册和小部分文物，其余都劫往日本，入藏于博物馆和图书馆。❷ 对于涉及日本掠夺的数量和归还的数目，在中国的相关机构和学术界还有其他说法，统计数字有相同的部分，也有不同的部分。例如国民政府编辑的《被日劫掠文物目录》《文物损失数量估价表》记载：被劫古迹也是741处，而战时被日本劫掠的公私文物，如书籍、字画、碑帖、古

---

❶ 戴雄："抗战时期中国文物损失概况"，载《民国档案》2003年第2期。

❷ 吴天威："中日战争的遗留问题有待解决"，载《抗日战争研究》1998年第4期。

第四章 华北文典、文物惨遭破坏、掠夺

物、仪器、标本、地图、艺术品、杂件等有 3 607 074 件，另有 1870 箱。以上合计价值，估算值为 9 885 646 法币（战前值）。❶ 然而，经过战后交涉，日本仅仅归还了少量的文物，内容、数量均不详。至于战争中被日本恶意狂轰滥炸而毁掉的文物古迹就更无法计数了。具体到高校和个人，如清华大学，据 1943 年统计，图书损失共 175 720 册。❷ 个人如燕京大学顾颉刚教授损失各类图书计 44 000 余册，其中包括明清善本 6000 册、抄本 5000 册、稿本书 300 册等。❸ 全国各省、市都有类似情况。日本对中国学校的破坏，造成图书、文物、科学实验室等被掠夺或毁损，激起了广大师生的愤怒。当时，许多高校的校长，如张伯苓、蒋梦麟、胡适等共同发表联合声明，声讨日本帝国主义的罪行，呼吁政府当局采取积极措施，维护广大师生的切身利益，一时形成了教育界一次新的抗日高潮。

在中国，各类图书多藏于图书馆、高等院校及私人手中，其中以图书馆所有最多，也是日本侵略者劫掠、破坏的重点，图书馆的数量呈现日益减少的趋势，表 4-7 是国民政府教育部 1936～1945 年的逐年统计。

---

❶ 王春南："侵华战争中日本对中国文化的摧残"，载《抗日战争研究》1993 年第 1 期，第 167 页。

❷ 朱育和、陈兆玲：《日军铁蹄下的清华园》，清华大学出版社 1995 年版，第 90 页。

❸ 高平、唐芸、阳雨：《血债：对日索赔纪实》，国际文化出版公司 1997 年版，第 38 页。

文化侵略

表4-7 1936~1945年度全国图书馆数量[1]

年度	馆数（处）
1936~1937	1848
1937~1938	1123
1938~1939	1178
1939~1940	1002
1940~1941	872
1941~1942	1066
1942~1943	1135
1943~1944	940
1944~1945	706

纵观表4-7可见，图书馆的数量呈现由多渐少的趋势。但是，中间也出现过比上年有所增加的个别情况，究其原因，与日本对中国推行奴化教育有密切关系，比如日本侵占华北后的很长一段时间里，"华北各地之图书馆藏书，凡有抗日、排日内容之书籍，皆（被日军）所没收，换以亲日、反国民政府之书刊"。[2] 显然，图书馆被保留或少有发展，是因为图书馆的性质发生了变化。但是，不管日伪政府怎样打压，或是将馆藏图书改头换面，都给我国的图书馆事业造成了严重破坏。1946年，中国国民政府代表团在向联合国教科文组织递交的一份诉状材料中指出：中国战前有图书馆

---

[1] 据《全国高等学校概况统计》，国民政府教育部档案。转引自王春南："侵华战争中日本对中国文化的摧残"，载《抗日战争研究》1993年第1期。

[2] 《关于北京、天津教育复员的文件》，国民政府教育部档案，卷号五（1614）。

第四章 华北文典、文物惨遭破坏、掠夺

1848处，但是"抗战发生，图书馆事业受到影响最大，或被摧残，或被掠劫……以致各省市之公私图书馆因战事损失、停顿者达50%以上，能幸存者也均损失甚多。后虽逐渐恢复，据1943年的统计，全国也仅存图书馆940处，约占战前的50.86%"❶。

以上列举的各项数字，学界多以国民政府各部门公布的数据为准，尽管对文物损失的统计并不完整，但毕竟有权威性。重要的是，人们看到了一个事实，就是中国损失的数量远远大于日本退赔的数量，相差悬殊。国际法规定：追究战犯的罪责以及道歉赔偿的问题是没有时效限制的。

中国有时间、有信心、有能力实现自己正义的要求。

（三）追索国宝，迎难而上

1. "清损会"及其任务

"清损会"的全称是"清理战时文物损失委员会"，主任委员是时任国民政府教育部副部长杭立武，副主任委员有著名学者梁思成、马衡、李济等人。1945年8月，日本宣布投降，"清损会"立即启动，先后前往上海、天津、武汉、广州等地开展工作。

他们的主要任务，首先是继续调查文物、图书的损失状况，并列清单汇报给上级；其次是广泛接触有关人员，利用报刊广而告之，发动社会力量收集线索，登记备案。与此同时，积极调查日寇和德国纳粹分子窝藏、盗运文物出境的企图，及时查获收缴。这项工作可以起到堵住漏洞、防备敌人

---

❶ 《一九三七年以来之中国教育》，国民政府教育部档案，卷号五（2038）。

暗藏、盗运中国文物的作用。

2. 几个例案的始末

以下介绍"清损会"工作人员在上级机关合作支持下，履行自己的职责、执行任务的成果。

（1）宋元瓷器回归。

抗战胜利后，中国政府规定：日本人被遣送回国时不得携带中国文物，更不允许偷运出境。

王世襄，著名的文物专家、学者、收藏家、爱国人士，时任平津"清损会"助理代表。1946年3月15日，王世襄收到北平市成古斋古玩商人的一份报告，告发天津古玩界的李文治知道日本人原田等人窝藏精美的宋元瓷器，政府应该追回。

王世襄随后马上赶往天津联系李文治，并立即向"敌伪产业处理局驻津办事处"和天津市警察局说明来意，这两个单位都给予了积极的配合。然而，文物的回归并不是一帆风顺的。这两个日本人虽然被找到并且承认手中有一批宋元瓷器，但他们很狡猾，因知中国文物不许带出境，就将瓷器转交给了一位美军少尉。当中方工作人员找到这位少尉时，对方已将瓷器通过军邮运到了美国。随后中国工作人员又到军邮局进行核实。核实无误后，王世襄立即返回北平，马上向"行政院驻天津办事处""敌伪产业处理局"汇报，同时向南京"清损会"作了书面报告。最后，通过一番周旋，才促使这批宋元瓷器经美国驻华大使馆送到南京外交部，存放于南京博物馆。

这个例案表明，日本人非法所得的中国文物，经过中国政府的努力之后终于又回归了祖国。

第四章　华北文典、文物惨遭破坏、掠夺

（2）截获青铜器。

1945年11月，王世襄作为"清损会"驻平津的助理，从古玩商口中得知了一个消息，战时在河南等地发掘出土的青铜器有很多被一个德国商人收购了。这个德国商人叫杨宁史，当时任"禅臣洋行"的经理。11月上旬，王世襄到杨宁史在北平的家中进行了查访。不久，王世襄又见到其秘书在家中打印的一份青铜器目录清单，目录是另一位德国人罗越编写的，而青铜器的主人正是杨宁史。为了搞清事实，王世襄与罗越两人又一起来到杨宁史在天津的家中，会同"敌伪产业处理局驻津办事处"质询杨宁史。最终，杨宁史承认了此事，并声称青铜器就藏在他的另一处家中，但这处住宅已被中国第九十四军占用，不能进入。无奈，王世襄只好于11月20日返回北平汇报。这是他为此事第一次往返于平津。

11月26日，王世襄带着国民政府教育部特派员办公处的公函，第二次前往天津，意欲进入杨宁史所说的藏有青铜器的杨宅进行文物清点，但被第九十四军婉言拒绝。王世襄再次无功而返。几天后，在"清损会"教育部特派员等人的支持下，王世襄第三次前往天津。当时教育部部长朱家骅也正在天津，朱家骅就命秘书备文，以部长的名义请第九十四军通融此事，但仍然被拒。王世襄只得第三次返回北平。

事情毫无进展，在不知所措的焦虑中，王世襄得到了朱启钤的有力帮助。朱启钤是一位爱国人士，古建筑学家、工艺美术家，民国初年曾做过交通部长、内务部长。

在朱启钤的帮助下，王世襄见到了国民政府要员宋子文。宋子文历任国民政府财政部长、外交部长、行政院长等

职，社会地位、社会声望极高。在王世襄汇报了事情的来龙去脉之后，宋子文表示对此事十分关注，并立即到天津与杨宁史商议青铜器收回一事。经过协商，决定把"没收"这批青铜器改称为"呈献"，宋子文也同意将这批青铜器进行陈列，允许罗越把有关图录编制完成。

1946年1月18日，教育部特派员兼"清损会"平津区代表沈兼士及故宫博物院都接到了来自"行政院临时驻平津办公室"和"敌伪产业处理局北平办公处"的通知，做好接收杨宁史一方青铜器的准备。

1月22日，王世襄等人前往北平市台基厂，约定由"百利洋行"运输公司承办装车运输这批青铜器。虽然王世襄等人百般小心谨慎，但还是出了意外。杨宁史从中耍了花招，原来他所声称的文物藏在家中是一个天大的谎言，目的是制造假象，拖延时间，阻碍中国收回国宝，以期达到偷运国宝出国的目的。最后经过一番斗争，杨宁史没能得逞，国宝终于回归了。

杨宁史的这批青铜器，共计241件，其中有礼器、兵器，时代序列完整，器型花纹图案精美，最著名的是战国宴乐渔猎纹青铜器、商代饕餮纹大钺以及诸多鼎、爵杯、玉柄戈等。抗战胜利后，在南京举办了第一届文物展会，在展会上这些文物大放异彩，艺术价值极高，曾引起极大的轰动。最终，这些青铜器存放在故宫博物院延禧宫的库房中。

（3）抢救"存素堂"丝绣。

朱启钤先生毕生喜爱中国文化，细心收藏了大量文物，他对中国最早的艺术博物馆作出过卓越贡献，他还出资创办了"中国营造学社"。

第四章　华北文典、文物惨遭破坏、掠夺

朱启钤酷爱中国丝绣，早在民国前就收集了从宋朝到清朝的缂丝、刺绣文物200余件，并撰写了《存素堂丝绣录》。

他收藏的精品众多，如宋绣"金刚般若波罗蜜经"，明顾绣花鸟、人物等，既有欣赏价值，又有研究价值。日本入侵前，就有一位日本的商业巨头大仓喜八郎愿意以百万银元求购，但朱启钤都婉言谢绝了。后来，朱启钤因为被人勒索，又加上创办"中国营造学社"急需资金，他就以20万元卖给了张学良，存放在东北边业银行。1931年九一八事变后，东北三省沦落在日寇铁蹄之下，这批珍贵的丝绣面临落入日本人之手的危险。这批丝绣享誉世界、名声在外，日本侵略者虽然一时不敢据为己有，但始终虎视眈眈。日本投降时，这批国宝丝绣侥幸留在了长春。

1946年5月，长春已被中国人民解放军重重包围，国民党负隅顽抗，这批丝绣面临被毁的风险。朱启钤万分焦急，在危难时刻，他想到了王世襄，希望王世襄能够出面帮助解燃眉之急。王世襄就以"清损会"的名义，给宋美龄写了一份呈文，建议把这批珍贵的丝绣运送到安全的地方予以保护。最终，这批丝绣文物得以运送到中央银行保险库保存。

（4）细软珍宝再回宫。

清朝终结，末代皇帝溥仪携家眷到天津"张园"寓所居住。"张园"是清末湖北总督张彪的花园，装饰华丽。

溥仪在"张园"居住了一段时间，后又前往东北落居。离开"张园"时，溥仪将一个大保险柜丢在了"张园"，他这样做，是有意的还是无意的，已无从知晓。这个大保险柜里到底装有何物？"清损会"的王世襄按教育部沈兼士之意，于1946年7月16日与美军驻津办事处联络，一起到"张

· 231 ·

园"调查。

意想不到的是,大家发现保险柜的柜锁十分结实,费了好大的力气,最后通过喷火器材破锁,才打开了保险柜。原来,保险柜中有21个小型手提保险匣。7月18日,这些珍宝被运回北平,后来在故宫御花园的绛雪轩进行了清点。据王世襄回忆,这批珍宝大都是宫人的细软之物,件头小而数量多,约1800件,价值连城。

这些小型手提保险匣所装之物令人惊叹,其中,有商代鹰攫人首玉佩,真乃无上精品;有宋代、元代名家手卷,如宋代马和之的《后赤壁赋图卷》、元代赵孟頫的《秋郊饮马图卷》等。

此外,还有古月轩珐琅烟壶、痕都斯坦嵌宝石玉碗、嵌珠宝珐琅怀表等。其他金银器物更多,有550件玉器、35件瓷器、72件珠宝饰物、82件翡翠、39件朝珠手串、5件书画名作、8件景泰蓝珐琅、58件文玩什物等,余不一一,可谓国之重宝,是十分珍贵的文物。

(5)一批善本归国。

1946年初,中国组成赴日代表团,准备面对面与日本交涉赔偿问题,这是一项重大举措。由于该项工作非同一般,对参加人员的要求比较高,需要有一定的相关经验。王世襄有机会成为文化教育组的成员,代表团团长是朱世明将军。

出发前,国民政府教育部副部长杭立武召开会议,确定代表团此次赴日的三项任务:一是将日本在战争中从香港劫往日本的一批中国善本押运回中国;二是将中国调查的公私文物损失的材料与日本核对,然后追查赔偿;三是如果原文物已经损毁或者遗失,中方有权指定用同类或等价文物予以

第四章 华北文典、文物惨遭破坏、掠夺

偿还。这三项任务体现了中国合情、合理的要求。

其中,日本劫走的这批善本,共计 107 箱、3286 部、34 970 余册,主要来源于中国江南等地的收藏家、图书阁馆,所藏的善本大都是精品。抗日战争爆发后,中国政府原计划通过香港把这批文物运往国外保护,不料途中被日军截获。

1946 年 12 月中旬,王世襄到达日本,在开展工作中深感举步维艰、处处碰壁、收获无多。两个月很快过去了,中国代表团成员顾毓琇先生几经明察暗访,终于找到了这批善本,这些文物被窝藏在日本东京市郊帝国图书馆的地下室内。

最后,中国代表团与日本政府商定,由中国代表团将这批善本押送归还中国。中国赴日代表团团长朱世明决定由王世襄负责此事。为了找到合适的时间、合适的船只运回国宝,王世襄多次往返于驻地与港口之间,不辞劳苦,终于在 10 天后等到了机会,最后把这批珍贵的善本送回上海。❶

这次追索成功,是中国赴日代表、"清损会"与日本政府交涉的重大胜利,具有历史性意义,同时也体现出像王世襄等人这样的爱国之士,为民族利益勇于担当、敢于斗争、善于斗争的精神。

以上几个生动的索赔事例源于张健编著的《国宝劫难备忘录》一书,作者研究抗战史多有建树,对以上几个事例的原委,他说:关于全国各地区的工作成果,由于资料有限,

---

❶ 张健:《国宝劫难备忘录》,文物出版社 2000 年版,第 237 - 242 页。

文化侵略

笔者很难详尽述及,现根据我国当代著名文物鉴赏家、当年"清损会"平津区助理代表王世襄先生的有关回忆文章(见《文史资料选辑》《文物天地》),简要述说在平津地区的几项接收文物的情况。

张健先生所记源于当事人,是可信可靠的。笔者也阅览过王世襄先生的回忆录,曲折生动,追索就是明与暗的博弈,就是战胜国与战败国的再较量,是正义与非正义的斗争。

(四)中国追索、日本赔偿的遗留问题

1. 日、美态度的变化

日本对外战争的性质是侵略,远东国际军事法庭迫使日本一度承认了侵略战争的罪责。但是,因为这次军事审判的不彻底性,致使日本右翼势力逐渐膨胀,刮起了翻案风,否认远东国际军事法庭的定性判决。

远东国际军事法庭的审判有严重的遗漏,比如,没有根绝日本的天皇制度;没有严惩全部战犯,甚至释放了部分要犯;支持侵略的日本大财团没有受到应有的处置,没有被追究责任,漠视大财团化为小财团,以这种方式逃避制裁;日本的赔偿重经济而轻文化,虎头蛇尾,一味地赖账拖欠。

造成这种种怪现象的主要原因就在于美国对惩办日本的态度发生了变化。其间,美国对全球的战略思考和具体政策在不断调整。1941年日本偷袭珍珠港,怀着复仇心理的美国对日宣战。作为战胜国,美国自然对追究日本罪责的态度表现出比较坚决的一面。然而,自1947年起,美苏"冷战"

逐渐升温，美国拉拢、利用日本的战略规划跃然纸上并付诸实施。在中国索赔问题上，主要表现在操纵"联合国"的美国越发偏袒日本一方，比如，当中国赴日代表团谈及索赔时，"联合国"竟提出：每件索赔文物，必须提供该件文物的名称、年代、形状、尺寸、重量、原在何处、原所有人、何时被劫掠、行抢的日本部队的番号等材料。这些苛刻的条件明明就是在阻挠中国的索赔而偏袒日本一方。

2. 新中国调整政策

由于旧中国在经济、军事上的实力不在强国之列，在涉及国际问题的博弈中显得人微言轻，难得呼应。1949年，蒋介石逃台，日本利用时机，主动和台湾签订了所谓的"日台条约"，台湾地方当局表示不再索要赔偿，放弃索赔权力。

与此同时，中华人民共和国成立，屹立在世界的东方，郑重声明台湾不代表中国，不承认所谓的"条约"。进入20世纪70年代，中日邦交正常化条件成熟，于1978年8月12日，双方正式签订《中日和平友好条约》，至此，中国政府正式明确表示放弃对日本战争赔偿的要求。

在这里要明确的是，中方放弃的是国家间的赔偿要求，不包括民间的索赔。民间个人、团体的受害赔偿问题有多项，其中就有被劫文物、图书归还问题。

正义在手，乐观期待，胜利果实终有归属。

四、美化侵略给善良人的警示

2014年12月13日，在南京大屠杀死难者国家公祭仪式上，国家主席习近平出席并发表了重要讲话，其中有一段是这样说的："我们为南京大屠杀死难者举行公祭仪式，是要

文化侵略

唤起每一个善良的人们对和平的向往和坚守,而不是要延续仇恨。中日两国人民应该世代友好下去,以史为鉴、面向未来,共同为人类和平作出贡献。忘记历史就意味着背叛,否认罪责就意味着重犯。……一切美化侵略战争性质的言论,不论说了多少遍,不论说得多么冠冕堂皇,都是对人类和平和正义的危害。"❶

习主席的讲话唤起了每一位善良人对未来和平的向往,也记住了日本右翼政治势力那些冠冕堂皇的言论对当代和平的危害。

回顾历史,日本军国主义者在90多年前发动那场侵华战争时,他们曾用尽了美化战争的种种手段,妄图欺骗善良人的心,做日本的顺民、奴隶。虽然阴谋最终未能得逞,但经过血和泪的沉痛教训,也给今天善良的人们提供了有益的警示。

(一)弘扬传统文化,提高民族意识

从一定意义上讲,抗日战争是中日民族意识的对决,强者胜、弱者败。当代,一定要坚持将中华民族优秀的传统文化不断发扬光大,不断增强全民的民族意识。中国广大青少年要接受好中国悠久的传统历史文化教育,不断增强民族意识,筑起心中的长城;中老年人在新形势下也要再学习,接受再教育,不断提高民族凝聚力。

一个民族的传统文化是经过漫长的历史积淀形成的,具有稳定性、延续性。日本侵略者想通过鼓吹"新民精神",

---

❶ 《人民日报》2014年12月14日。

第四章 华北文典、文物惨遭破坏、掠夺

让中国人做日本的"新民",但这正如蚍蜉撼大树,根本撼动不了中国传统文化的根基。总结历史的经验,中国的传统文化需要代代传承,必须不间断地延续下去。同时,更要坚定马克思主义方向和社会主义核心价值观,坚持社会主义不能动摇,争取更大胜利。

中华优秀传统文化延续着我们国家和民族的精神血脉,要通过学校教育、社会教育多种方式,引导中国民众树立正确的历史观、民族观、文化观,不断增强做中国人的骨气和底气。

(二)提高识别能力,分清敌友

外来文化泥沙俱下,好坏一时难辨。2006年4月28日,时任日本外相麻生太郎在日本数字信息学院讲话说,日本要开展"文化外交新设想",推行"动漫外交",他感谢学院做了政府做不到的事,用"动漫"已经征服了包括中国青年人在内的许多国家青年人的心。麻生太郎的软性外交就是动漫"秘密武器",一对大眼睛、带头盔的可爱动漫形象让世界的儿童认识了日本,喜欢上了日本。他说,通俗文化的影响力是巨大的,像当年美国用通俗文化征服了日本人的心一样。❶

举一反三。当然,不能仅关注动漫,外来文化以各种形式铺天盖地涌进中国,提高人民的鉴别能力已是当务之急,不仅中小学生,家长、老师也要帮助他们提高认识美与丑、善与恶的能力,更要提高识别敌友的辨析力。全民要掌

---

❶ 《燕赵晚报》2006年4月30日。

文化侵略

握"透过现象看本质"的哲学思想武器,揭穿一切"两面人"。❶

谁是我们的敌人?谁是我们的朋友?这是革命的首要问题,我们要牢记革命先辈的谆谆教导。

(三)让民族败类无藏身之处

日本侵华时期,中国出现了一批厚颜无耻的汉奸走狗。时过境迁,他们早已归天。然而,至今阴魂不散,居然有人公开宣扬"殖民高级论",说日本统治时期,地方繁荣发达了。❷更有甚者把日本人当作自己的祖宗,至今坚持崇日媚日的"祖国论",一副活灵活现的奴才相。对这类论调、这类余孽,必须予以严厉的批判。

如今,中国正在强大,令世界瞩目,有些人丧尽良知,配合国际反华势力,进行造谣、刺探、破坏、扰乱等活动,妄图阻挡中国前进的步伐。我们要不断增强民族气节,提高警惕,捍卫中华民族复兴的伟大事业。

(四)缅怀革命先烈,警惕日本军国主义复活

中国各地都有革命烈士陵园,那是缅怀先烈的地方。想当年,革命者高扬民族正气,誓杀日寇,甘洒热血,浩然之气贯长虹。时下,日本右翼政治势力狂獗,面对"二战"犯下的罪行,不承认、不道歉,还美化所谓的"积极的和平主义"政策,坚持要修改和平宪法。对此,善良的人们要提高

---

❶ 明朝小说《镜花缘》刻画的一种人,前脸和颜悦色,而脑后是青面獠牙。

❷ 此指"台独"分子李登辉。

第四章　华北文典、文物惨遭破坏、掠夺

警惕，军国主义有可能在日本复活，这不是耸人听闻，历史已经证明搞"绥靖"政策就是养虎遗患。

"帝国主义就是战争"，马克思主义并没有过时。中华人民共和国国歌发出了"起来，不愿做奴隶的人们，把我们的血肉筑成我们新的长城"的感召。缅怀先烈就意味着继承先烈的遗志，意味着感恩先烈，知道感恩先烈，这个民族才有未来。

应牢记，只有对敌保持高度警惕和斗志，才能永远立于不败之地。

主要参考文献

一、著作

[1] 毛泽东选集（第二卷）[M]. 北京：人民出版社，1991.

[2] 毛泽东同志论教育工作 [M]. 北京：人民教育出版社，1958.

[3] 齐思和，刘启戈，聂崇岐，等. 中外历史年表（公元前 4500 年~公元 1918 年）[M]. 北京：生活·读书·新知三联书店，1958.

[4] 中国第二历史档案馆. 中华民国史档案资料汇编·第五辑·第二编·附录上 [M]. 南京：江苏古籍出版社，1991.

[5] 中国人民政治协商会议山西省委员会文史资料研究委员会. 山西文史资料 [M]. 太原：山西人民出版社，1988.

[6] 山东省政协文史资料研究委员会. 山东文史资料选辑 [M]. 济南：山东人民出版社，1988.

[7] 中国人民政治协商会议天津市委员会文史资料研究委员会. 天津文史资料选辑 [M]. 天津：天津人民出版社，1987.

[8] 中国人民政治协商会议石家庄市委员会文史资料委员会. 石家庄文史资料 [M]. 石家庄：河北人民出版社，1988.

[9] 中国人民政治协商会议河北省委员会文史资料研究委员会. 河北文史资料选辑 [M]. 石家庄：河北人民出版社，1985.

[10] 中央档案馆，中国第二历史档案馆，吉林省社会科学院. 华北治安强化运动 [M]. 北京：中华书局，1997.

[11] 谢忠厚，宋学民. 晋察冀边区民主政权建设文献选编 [M]. 北京：中共党史出版社，2013.

[12] 章伯锋，庄建平. 中国近代史资料丛刊·抗日战争（第 6 卷）[M]. 成都：四川大学出版社，1997.

[13] 复旦大学历史系日本史组. 日本帝国主义对外侵略史料选编（1931~1945）[M]. 上海：上海人民出版社，1975.

[14] 北京市档案馆. 日伪北京新民会 [M]. 北京：光明日报出版社，1989.

[15] 河北省高阳县党史征集办公室. 河北党史资料·"新国民运动"[M]. 石家庄：河北人民出版社，1987.

[16] 南开大学历史系，唐山市档案馆. 冀东日伪政权 [M]. 北京：档案出版社，1992.

[17] 第二次中国教育年鉴·教育统计 [M]. 上海：商务印书馆，1948.

[18] 中央档案馆，中国第二历史档案馆，吉林省社会科学院. 河本大作与日军山西"残留"[M]. 北京：中华书局，1995.

[19] 王向远. "笔部队"和侵华战争——对日本侵华文学的研究与批判 [M]. 北京：北京师范大学出版社，1999.

[20] 王向远. 日本对中国的文化侵略 [M]. 北京：昆仑出版社，2005.

[21] 刘大可，马福震，沈国良. 日本侵略山东史 [M]. 济南：山东人民出版社，1991.

[22] 北京市政协文史资料委员会. 日伪统治下的北京郊区 [M]. 北京：北京出版社，1995.

[23] 广濑龟松. 津门旧恨——侵华日军在天津市的暴行 [M]. 天津：天津社会科学院出版社，1995.

[24] 河北省顺平县地方志编纂委员会. 顺平县志 [M]. 北京：中华书局，1999.

[25] 禹硕基，杨玉芝，邢安臣. 日本帝国主义在华暴行 [M]. 沈阳：辽宁大学出版社，1989.

[26] 朱育和，陈兆玲. 日军铁蹄下的清华园 [M]. 北京：清华大学出版社，1995.

[27] 高平，唐芸，阳雨. 血债：对日索赔纪实 [M]. 北京：国际文

化出版公司，1997.

[28] 张健. 国宝劫难备忘录［M］. 北京：文物出版社，2000.

[29] 河北省栾城县地方志编纂委员会. 栾城县志［M］. 北京：新华出版社，1995.

[30] 河南省地方史志编纂委员会. 河南省志·文物志［M］. 郑州：河南人民出版社，1993.

[31] 山东省地方史志编纂委员会. 山东省志·少数民族志　宗教志［M］. 济南：山东人民出版社，1998.

[32] 军事科学院外国军事研究所. 凶残的兽蹄［M］. 北京：解放军出版社，1994.

[33] 中共石家庄市委党史研究室，石家庄市党史研究会. 日军侵华暴行（国际）学术研讨会文集［M］. 北京：新华出版社，1996.

[34] 周明博. 全球通史：从史前时代到二十一世纪［M］. 北京：当代世界出版社，2011.

[35] 中国抗日战争史学会，中国人民抗日战争纪念馆. 抗日战争时期的文化教育［M］. 北京：北京出版社，1995.

[36] 史桂芳. "同文同种"的骗局——日伪东亚联盟运动的兴亡［M］. 北京：社会科学文献出版社，2002.

[37] 李桂林. 中国教育史［M］. 上海：上海教育出版社，1989.

[38] 张殿吉. 外国历史大事典［M］. 石家庄：河北教育出版社，1989.

[39] 李惠民. 中国传统文化新编［M］. 北京：中央广播电视大学出版社，2011.

[40] 李惠民. 近代石家庄城市化研究（1901~1949）［M］. 北京：中华书局，2010.

[41] 何沁. 中国革命史［M］. 武汉：武汉大学出版社，1990.

[42] 涂文学，邓正兵. 抗战时期的中国文化［M］. 北京：人民出版社，2006.

[43] 邢汉三. 日伪统治河南见闻录［M］. 开封：河南大学出版社，1986.

[44] 侯伍杰. 山西历代纪事本末［M］. 北京：商务印书馆，1999.

[45] 中华民国史［M］. 上海：商务印书馆，1948.

[46] 中国近代万年历史图集（1840～1978）［M］. 香港：香港天地图书有限公司，1979.

二、报刊

[1] 新民会报.

[2] 解放日报.

[3] 解放周刊.

[4] 抗战三日刊.

[5] 抗日战争研究.

[6] 实报.

[7] 申报.

[8] 抗战报.

[9] 晋察冀日报.

[10] 大众日报.

后 记

由知识产权出版社组织、编辑、出版的《日本侵略华北反人类罪行丛书》具有深远的历史和现实意义。

我们常说"落后就要挨打",其实何止挨打,还可能亡国灭种。历史的经验值得注意,我们必须做好有硝烟的和无硝烟的战争两手准备。《文化侵略》一书就揭露了敌人妄图泯灭中国人民思想灵魂而进行奴化教育的罪恶行径。当今,"思想战""生化战""网络战"等属于隐蔽且残酷的战争手段,中国人民、世界爱好和平的人们要百倍地提高警惕。

在《文化侵略》一书出版之际,特别对知识产权出版社的领导和编辑同志致以诚挚的感谢。宋云同志从编辑到校正,多方面的工作有力地保证了图书的质量。

本书资料主要来源于档案馆所藏文件和已出版的一些专家、学者的科研成果,笔者从中受到的教益和启发良多。还得到了河北省社会科学院图书馆王丽英、张瑜、潘华静、李山等同志的热心帮助,在此一并表示谢意。对助力修定全书的谢志诚先生也一并示以谢忱。

书中一定还有诸多不足之处,望读者不吝赐教,给予指正。

谢 嘉
2022 年春